JN126145

進化するデジタル
トランスフォーメーション

Hope for tomorrow

SAPジャパン インダストリー・バリュー・エンジニア
松井昌代 監修

プレジデント社

「正確な情報が
しかるべき判断の礎。
未来を創る
責任ある人々へ」

序章
『Beyond 2025』後の学びから未来を考察する

この1年の進化・変化を俯瞰

前著『Beyond 2025』を上梓したのが2020年3月16日。当時、すでに中国や欧州では新型コロウイルス感染拡大防止のためのロックダウンがはじまっていた。日本でも、4月に入って緊急事態宣言が発出されたことは、どなたの記憶にもあるだろう。先行きが見えない空気が蔓延するなか、4月22日のInternational Mother Earth Day 50周年でのアントニオ・グテーレス国連事務総長のメッセージ[1]に潮目を感じた。

すべての人々がCOVID-19パンデミックに注目している状況を、「第二次世界大戦以来、世界が直面した最大の試練」と位置づけ、彼は未来に向けた6つの提案を行った。今後の私たちにとっての指針として、日本語で紹介する（監修者による日本語訳）。

私たちは、命を救い、苦しみを和らげ、経済的および社会的影響を軽減するために協力しなければなりません。新型コロナウイルスの影響は、即時かつ恐ろしいものです。しかし、もうひとつの深刻な緊急事態がありま

す。それは地球の環境危機の進展です。気候変動は、後戻りできないポイントに近づいています。私たちは、コロナウイルスと気候変動の実存的脅威の両方から、地球を守るために断固として行動しなければなりません。現在の危機は前例のない目覚めへの呼びかけです。私たちは回復を、将来のために正しいことをする本当の機会に変える必要があります。従って、私は、回復と今後の取り組みを形づくるために、6つの気候関連の行動を提案します。

ひとつめ、新型コロナウイルスからの回復に莫大な金額を費やしているため、クリーンでグリーンな移行を通じて新しい仕事やビジネスを提供する必要があります。

ふたつめ、納税者のお金が企業を救済するために使用される場合、それはグリーンジョブと持続可能な成長の達成に結びつけられる必要があります。

3つめ、財務的力点は、灰色経済からグリーン経済への移行を推進し、社会と人々をより回復力のあるものにしていかなければなりません。

4つめ、公的資金は、過去ではなく将来に投資し、環境と気候を助ける持続可能なセクターやプロジェクトに流れるために使用されるべきです。化石燃料への補助金は終了し、汚染者は汚染の支払いを開始する必要があります。

5つめ、気候リスクと機会は、金融システムだけでなく、公共政策立案とインフラストラクチャーのすべての側面に組み込まれなければなりません。

6つめ、私たちは国際社会を考えて協力する必要があります。

これらの6つの原則は、一緒により良く回復するための重要なガイドを構成します。温室効果ガスは、ウイルスと同じように国境を尊重しません。このInternational Mother Earth Dayに、人と地球の両方に健康で回復力のある未来を求めてください。

アントニオ・グテーレス

新型コロナウイルスによる経済的打撃からの回復に向けた公的資金の原資のうち、「人々の納税から拠出される分は、過去ではなく将来に投資されるべき」というシンプルなメッセージが心に響いた。「温室効果ガスは、ウイルスと同じように国境を尊重しない」という締めのメッセージは、負けてはならぬ相手はひとつではないと意識させられた。

さらにこの時期、各国首脳だけでなく、世界中の名だたる企業のトップから、続々と「グリーン・リカバリー(持続可能な復興)」に賛同の声が上がった。

そのなかに当社のお客様の名前がずらりと並んだことで抱いた興奮は、自分が属するコミュニティーへの愛着に他ならないが、それはさておき、『Beyond 2025』で描いた未来がいよいよ現実になっていくのではないかという思いに繋がった。大きな苦難を経ることによって変革の目的が研ぎ澄まされ、加速するのではないか、未来が見えてくるのではないか、それは感じたというより念じたというほうが正しいかもしれないが、自分たちなりに行動を起こすきっかけとしては十分だった。

本書の特徴

本書は、SAPジャパンにおいて業界や業務にスペシャリティーを持つメンバー16名と、SAPジャパンパートナー企業5社からの5名が執筆に参加。海外企業の先進的な取り組みに加えて日本企業5社の経営課題への取り組みの、合計34のコンテンツで構成している。特筆したいのは、すべて前著上梓後に公開された稼働済みの取り組みであることだ。

章立ては『Beyond 2025』と同様。そうすることで、お読みいただく方々に、この1年の世界のデジタルトランスフォーメーションの進化を感じていただくことを意識した。

なお、『Beyond 2025』と同様の章立てとは、地球から業界、企業、ビジネスモデル、人への流れによる、わかりやすさを重視したものである。

1. 地球へのまなざし～エネルギー・環境問題へのテクノロジーを活用した取り組み
2. トップランナーは業界を超えて～業界トップランナーによる、業界を超えてインスピレーションを与える取り組み
3. 「透明性」という企業価値～不確実で変化の多い

時代での、企業のレジリエンスを高めるための取り組み

4. **進化としてのビジネスモデル創造〜従来型ビジネスの成果を踏まえ、未来を見据えた結果としての、デジタルテクノロジーを活用したビジネスモデルの創出**
5. **人が人らしくあるために〜テクノロジーが人の仕事を奪うのではなく、人が人らしく働き、生きるための取り組み**

34の取り組みは、業界、企業や団体の別、規模、その組織の歴史の長さを問わない。共通点は、未来を見据えた取り組みであること。各コンテンツのタイトルは、海外企業か日本企業かの区別ではなく、取り組みの特徴を表している。業界や国、企業名によるコンテンツ識別は、読者にとって他業界からのインサイト収集の妨げになると考えたからだ。

前著同様、その取り組みの紹介動画があるものは、QRコードによって読者のスマホで動画サイトにアクセスしご覧いただくことができる。本作では全部で18本の動画のQRコードを載せている。

海外企業の取り組みはすべて公開情報に基づき、各業界スペシャリストの知見をもとに執筆している。日本企業の取り組みについては、直接関与した者が執筆を担当し、記載内容をすべて取り組み企業にご確認いただいている。

Contents

第2章 トップランナーは業界を超えて……052

Contents

第4章 進化としてのビジネスモデル創造……140

Contents

第 1 章

地球へのまなざし

Prologue

テクノロジーを活用して企業の活動状況をデジタルデータで捕捉することは、個人が腕にウェアラブルデバイスを装着し、スマホと連携してリアルタイムに自分の活動を把握して管理することに似ている。歩数、心拍数、消費カロリー、睡眠時間。他のデバイスと連携し、体重や体脂肪率をひとつの画面で管理することも可能だ。あらかじめ目標を設定して一覧化させることで、目標に近づこうと努力する気持ちが起きやすい。

話を企業に戻そう。正しくデジタルデータ化された企業活動状況を精緻に分析することで、課題への取り組みがしやすくなる。課題とは、業界や企業内に起因するものだけでなく、広く社会課題も含まれる。社会課題への対処状況を定量的に開示することで実現をコミットする企業も出てきた。それが社会に求められる企業の務めだと確信しているからだ。

2020年、「グリーン・リカバリー（持続可能な復興）」によって、これまで以上に温室効果ガス削減が喫緊の社会課題として議論されるようになった。国家や企業の取り組み姿勢にも目が向けられるようになり、環境への配慮に対する新たな指標も生まれつつある。

あなたの企業が装着しているデバイスは、企業の正確な健康状態を捕捉しているだろうか。社会の健康に貢献していることを捕捉しているだろうか。

01

企業理念を現実にするサステナビリティ経営の実践

**社会課題の解決と事業成長の両立。
差別化の源は、従業員への"企業理念"浸透にあり！**

「Nature」という単語は、「手つかずの自然・自然界」と「人間性・人間の本質」という意味を重ね持つ。

北欧・デンマーク生まれの天窓（トップライト）専門メーカーであるベルックス社（以下、VELUX）は、世界自然保護基金（WWF）とともに、「ライフタイム・カーボン・ニュートラル（LTCN。創業以来排出した二酸化炭素の量と吸収量とをプラスマイナスゼロにする）」活動に取り組んでいる。

これらに関する、同社の宣言ともいえるビデオを、YouTubeで観ることができるので、"Lifetime Carbon Neutral with WFF"で探し出して、是非、ご覧いただきたい。

ここでは、同社CEO David Briggs氏の署名とともに**"It's our nature."**という一文に魂を込めて、創業100周年となる2040年を目途に、過去に遡って、設立時から排出してきたすべてのCO_2に責任を持つとして穏やかに宣言している。

我々は、この地球という自然に生かされている。LTCNを達成することがVELUXに関わる人々の本質そのもの、であると感銘を受けた。

緊急時におけるサプライチェーン改革

VELUX製品の多くは、木材を主原料としている。同社では、希少な天然資源にどのように責任を持ち、自分たちの活動をどうやって社会に還元するのか、といった具体的な行動指針が明確に定義され、それが社内に浸透している。

LTCNを確実に実行するために同社は、WWFと共同で気象科学に基づいた計算により、バリューチェーン全体からのCO_2排出量を推測。さらに、製造から販売に至るビジネスプロセスのあらゆるロスを最小化している。LTCNはその一端である。とはいえこれは、従業員一人ひとりが、同じ「自らのすべきこと（価値観）」を持たないと成し得ない。

冒頭で紹介したビデオは2020年8月に、VELUXの「ありたい姿」を“It's our nature.”のキャッチフレーズとともに全世界に向けて発信したものだが、同社従業員に理念を伝えるためにも有効だったと思う。

VELUXのようなメーカーの多くは、生産や販売、在庫などサプライチェーン全体を最適化させるために、Sales and Operations Planning（以下、S&OP）を用いている。ただ、それは拠点や工場、物流などのリソースが正常稼働することを前提としているため、COVID-19のような異常事態は想定外で、**過去の傾向を基にした予測**は機能しなくなる。この事象はVELUXにも当てはまり、**ロックダウンから数週間で、需要予測機能は使いものにならなくなった。**

その一方、コロナ禍におけるビジネス活動は、国の政策によって、自社の生産能力や物流能力など、多くの制約条件を見極めながら、大きく変動する需要に対応せざるをえない。

同社の場合、ロックダウンにより全体需要は激減すると思いきや、地域によっては数週間で、当初予測した需要に回復する市場もでてきた。

理由は「**在宅需要**」。嬉しい誤算だ。未使用の屋根裏部屋を新鮮な空気で満たされた明るい空間に変えたい、といった需要が急増したことによる。ただ、その需要には地域差があり、供給能力にも新たな制約が掛かるなか、従来のやり方に固執せずに、計画・予測頻度を変えるなど、市場需要の変化に迅速に対応する必要があった。

緊急時の対応を可能としたのは、「自らのすべきこ

1	Commitment	素晴らしい結果を達成するために共に努力する We strive to achieve great results together
2	Mutual Respect	他人への思いやりを忘れない We treat others as we would like to be treated ourselves
3	Improvement	毎日がより良くなるように働く We work to be better every day
4	Local Initiative	自らが行動を起こし、目標を達成するために努力する We act and collaborate to reach our goals
5	Thoroughness	適切な取り組みには適切な場所と時間を保証する We ensure the right effort, in the right place, at the right time

と（価値観）」が、従業員、そして組織に浸透していたからだろう。このベースには、左頁下のような5つのミッションステートメントがある。同社が、一歩前進するためのエネルギーや取り組み自体の方向性を定める羅針盤になっている。

高いレベルを目指し続ける製品開発

製品を進化させることはメーカーとしてのミッションだが、VELUXが狙ったのは、スタートアップが持つデジタルテクノロジーや革新的なアイデアの開発支援である。

同社は、他のデンマーク企業2社とともに、同国発のアクセラレータープログラム Urbantech を立ち上げ、未来都市作りに必要な技術とソリューションの開発を加速させている。VELUXが持つ専門知識に、スタートアップの斬新なアイデアや技術を融合させているのだ。

注目したいのは、同社の「柔軟性」だ。

約80年の歴史を持つ専門メーカーにもかかわらず、新たな開発プロセスに移行している同社は、斬新な考えを受け入れるための「共感醸成」にかける時間を必要としない。「自らのすべきこと（価値観）」が浸透している結果だろう。

また、このようなチャレンジスピリット（精神）こそが、イノベーションの成功確率を上げているといえる。VELUXのR&Dの取り組みも別の動画があるので、是非、自社のケースと比べてみてほしい。

「スタートアップと自分たちが全く違っていること。その驚きは、とても前向きなことだ」と同社は語っている。検索キーワードは“Meet our Partner: VKR Holding / VELUX”である。

企業のミッションとデジタル変革

企業は、サプライチェーンやR&Dといった活動の積み重ねで収益性を向上させ、新たな改善投資余力を生み出しているが、VELUXは、さらに、持続的成長の源泉を支える「収益性(Profitability)」、そして、自律的な成長のドライバー役を担う「イノベーション(Innovation)」と「サステナビリティ(Sustainability)」をバランスさせている。

これまでITやデジタルの効能は、**Win**と**Run**、あるいは、**Systems of Innovation**(**SoI**)と**Systems of**

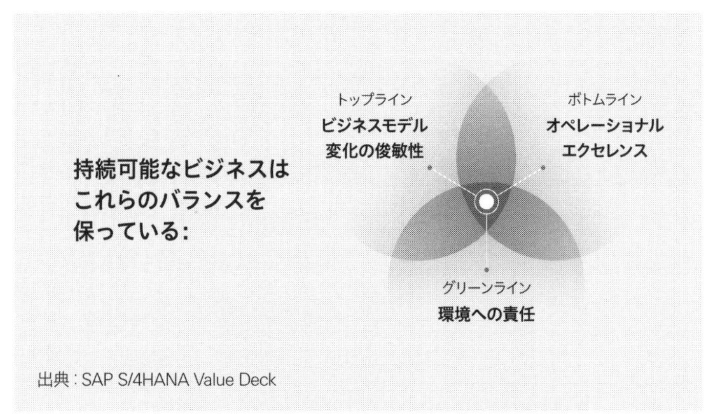

Record（SoR）という2軸で語られることが多かった。

損益計算書でいうところの、「売上高（**トップライン**）」を向上させる手段と、「売上原価以下の諸費用（**コスト**）」を下げることで「当期純利益（**ボトムライン**）」を高める手段、と言い換えてもよい。ITやデジタル変革は、そのどちらにも有効、というのが謳い文句であった。

実は、ITやデジタル変革には、もう1軸、評価軸が必要であるといわれはじめている。上記のトップライン、ボトムラインに加えて**グリーンライン**と呼ばれるものが、それだ。環境への責任である。

VELUXの企業活動は、この3軸がお互いに作用し合っている。自律的な改善活動（ボトムライン）は、新たなコラボレーションを生み出し、その協働により効果的なソリューションを見出す（トップライン）。

またLTCNは、環境への責任（グリーンライン）であり、かつ、各組織の意識を変革しバリューチェーン全体での改善ロスを最小化するための改善環境を作り出す（ボトムライン）ドライバーとしても働いている。

企業にとって重要なのは、これら3軸の取り組みを実行している、実行していないではなく、これらの取り組みを通じて、ステークホルダーを“共感の渦”に巻き込んでいくことだろう。

VELUXの取り組みは、新たな視座を目指すべきだと迫ってくるかのようだ。

文：SAPジャパン インダストリー・バリュー・エンジニア **土屋 貴広**

02

貧しい農村部3億の人々に安全な飲料水を供給する

B to B企業が生活に密着したビジョンを説くことで存在意義を示し、顧客体験フィードバックを活用する

最近はpurpose-led(目的主導型)でraison d'etre(仏語レーゾンデートル=存在意義)を語る企業が多くなってきたように感じる。「自分(たち)は何のために仕事をしているのか」を常に自らに問うことで、達成すべきこと、そのために行うべきこと、行うべきではないことの判断を明確に下せるようになるはずだ。

ちなみに、SAPとSAPジャパンの企業ビジョンは「SAP ジャパン株式会社 会社紹介 2020」動画でも紹介しているので、是非ご覧いただきたい。

SAPジャパン株式会社会社紹介2020 Introducing of SAP Japan 2020
https://youtu.be/5BKF-J9U5PU

水と気候の課題に挑むGrundfos社

ここでは、B to B企業の例としてGrundfos社を取り上げたい。同社はデンマークを基盤とするポンプメーカー。80社以上のグループ会社により、全世界55カ国で1万9,000人以上の従業員を雇用、毎年1,700万台のポンプユニットを生産・出荷している。出荷されるポンプは、機種によって100万通り以上のコンフィグレーションの可能性があり、統計によって異なることもあるが、2018年の水ポンプ市場では世界トップシェアを占めている。

そんなGrundfosの目的は、次のように示される。

> **【私たちの目的】**
>
> 「私たちは世界の水と気候の課題への解決策を開拓し、人々の生活の質を向上させる」
>
> 「私たち」とは ― 強力な一集団とみなされているGrundfosとそのパートナー企業群。
>
> 「解決策を開拓する」とは ― 私たちは、他社ができない、またはやらないことを行う。
>
> 「世界の水と気候の課題へ」とは ― 私たちは、エネルギー効率とインテリジェントな水ソリューションを通じてこれらに取り組む上で重要な役割を果たしていく。
>
> 「人々の生活の質を向上させる」とは ― 私たちは根本的に人を大切にする。

以下、この目的に沿ってGrundfosが設定する ゴールと、それを達成するための戦略を見ていく。

「3億の人々に安全な飲料水を届ける」

これは、Grundfosが設定したゴールであるが、一般的な営利企業の目的やゴールよりも高い目線を感じる。ポンプは合算すると、実に地球上の電力の10%を消費しているという。トップメーカーとして、より良い地球を作るために何ができるかを真剣に考えることを責務と捉え、ポンプに関するすべてのエネルギー消費を抑える方策を、常に取り組まなければいけないことと位置づけている。

具体的には、ポンプに電力消費センサーを付けクラウドソリューションで可視化する、といった製品そのものの向上に留まらず、需給計画や出荷・配送作業といった製品製造に関わる業務も消費エネルギー削減対象となっている。

SAP IBPを5カ月という短期間で導入し、リードタイム短縮、在庫と在庫ポイントの最適化、出荷配送の

グルンドフォス - 実顧客の要望に近づくために、社内資源をより効率的に計画するには
https://youtu.be/xghlCI1R3uw

パフォーマンスを業界のベストインクラスにする、などのロジスティクス改革も目的はそこにあるのだ[1]。

エネルギー消費削減に力を入れるGrundfos。だが「製品向上やロジスティクス改革と同等、あるいはそれ以上に大切なことがある」と同社の体験管理(XM Experience Management)部署をリードするAbdul Dezkam氏は、顧客体験(CX Customer Experience)管理の重要性を説く。

「貧しい農村部に住む3億の人々に安全な飲料水を届ける」という目的とゴールを達成するためには、多くの方にGrundfosのポンプを使ってもらう必要があるのだ。

顧客を「ブランド宣伝大使」にする

そのためにDezkam氏が立てた戦略は、コンシューマー向け商品あるいはアプライアンス製品のB to Cモ

グルンドフォス - お客様をブランドアンバサダーに
https://youtu.be/QKBulJtieqc

デルではよく行われている口コミの手法である。それを、ポンプというメーカーとして最終需要者に接触しづらいB to B製品にも適用させるというものだ。果たして、B to B製品における他社との差別化ポイントを、顧客自らが感じ取れるように訴求可能なのだろうか。

Dezkam氏によると、以前は年次で顧客満足度調査を行い、NPS（Net Promoter Score）を見て顧客対応を改善していたとのことである。しかしながら、年1回のスピード感では不満を覚えた顧客を失ってしまう可能性があった。そのために、Qualtricsソリューションを使って顧客接点からのフィードバックをこまめにとることに戦略を変更した。電話連絡、Webでの対応、フィールドサービス派遣、など毎日のCXについて対象顧客からのフィードバックをリアルタイムで把握し、問題があればすぐに直す、そのサイクルをとにかく速く回す。日に20万件の顧客タッチポイントからのリアルタイムなフィードバックを活かすことでXMを高度化させて3年経過した、という。

顧客が望むこと、顧客に望むこと

Grundfosでは、年間1700万台のポンプを出荷して、日に20万件のフィードバックを得るという。しかしながら、耐用年数20年と仮置きした単純計算で、ポンプ1台のライフサイクル20年を通じて約4回のCXが同社に返ってくるにすぎない。B to C製品と比べて格段に顧客接点が少ない。

ポンプという製品そのもので差別化することは難しい。加えて顧客接点から得られるフィードバック数も少ない。つまりは、顧客接点ひとつひとつを価値あるものとして扱わなければならない。

では、顧客接点はどのような場面で、どういった内容として捉えられるのか。それは、見積・発注・設置・運用・保守・置換といったカスタマージャーニー(Customer Journey)の間に垣間見られる、接点をもった担当者に対する顧客の受け取り方や、製品やサービスに対する細かな要望といったものだ。Grundfosは、顧客接点の一件一件をほぼリアルタイムに評価し、何らかの課題が発見されればたちどころに対策を打つ。Grundfosにとって、CXの確立は極めて価値が高い。つまり、顧客ロイヤルティの強化に直結するのだ。NPSで判明したプロモーター層への売り上げ成長と、中傷する層への成長との比較は、3.3倍にもなるという。

であるならば、顧客接点を確実にケアすることでプロモーターの数を増やし、さらにCXの向上を目指すことで売上向上に寄与すれば、ゆくゆくは同社のビジョンである「3億の人々に安全な飲料水を届ける」ことの実現に近づくことができる。

製品の質向上はもとより、従業員の質とスピードをさらに向上させて、製品よりも顧客接点で他社と差別化し、顧客に「ブランドの宣伝大使になってもらう」といった戦略で、Grundfosは自ら立てたゴールに近づきつつある。

文：SAPジャパン インダストリー・バリュー・エンジニア **古澤 昌宏**

03

気候変動への対策～SAPが貢献できること

高まる“Green Line”の重要性
企業間コラボレーションに新しいマインドセットを

気候変動への対策が、喫緊の差し迫った課題であることに、もはや異論の余地はないであろう。そのなかでも、特にCO_2を中心とした温室効果ガス(Greenhouse Gas, GHG)排出を削減する動きを、さらに加速させていく必要がある。では、SAPのソリューションは、CO_2の排出削減に向けて、どのような貢献ができるのだろうか。

まずは、2020年のSAP主催のフラッグシップイベントである「SAPPHIRE NOW Reimagined」で発表された新しい製品、SAP Product Carbon Footprint Analyticsのコンセプトデモ[2]をご覧いただければと思う。

右掲のデモでは、化学業界から2つの“架空”の企業が登場する。

ひとつはバリューチェーンの上流で高機能ポリマー原料を供給するChemieLabs社であり、もうひとつは同社から原料を購入し、包装材等を製造・販売するPolyPack社である。デモは、将来に向けたビジョンを示しているものだが、それが提示する示唆について、掘り下げて考えてみたい。

SAP Product Carbon Footprint Analytics
コンセプトデモ

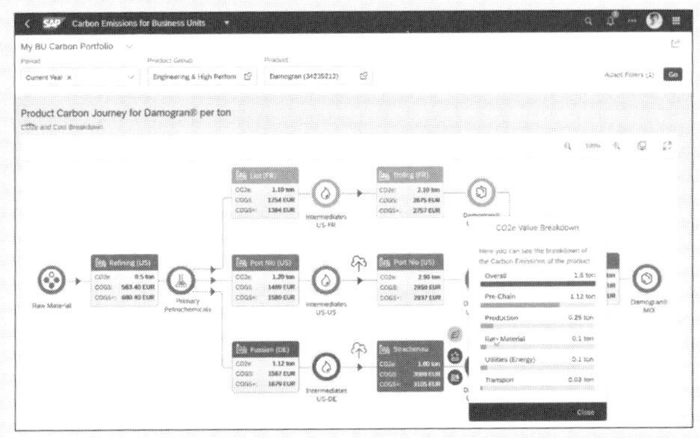

https://youtu.be/Qlu2HziESyc

排出量のマネジメントと“Green Line”

それぞれの企業では、これまでも自社が排出するCO_2の量や、販売する製品に含まれるCO_2の量を、算出・可視化するための様々な取り組みがなされてきている（もちろん削減の取り組みも）。

例えば、GHGプロトコル[3]などの業界基準に基づいて温室効果ガスの排出量を算定・報告する企業も多くある。また、製品やサービスのライフサイクルアセスメント（Life Cycle Assessment, LCA）を通して、環境負荷の少ない製品・サービスを、世の中に普及させようという取り組みを推進する企業もある。

そして今後、これらCO_2の排出量や削減の進捗度合い等の、いわゆる「非財務」のデータを管理・開示することが企業活動を評価・継続する上で重要な役割を占めることになることが想定される。

例えば、トリプル・ボトムライン[4](Triple Bottom Line)という考え方がある。これまで、企業は自社の財務諸表、すなわち、貸借対照表(BS)や損益計算書(PL)といった財務データを中心に企業活動を報告してきた。「ボトムライン」とは損益計算書の一番下段(＝ボトム)に表記される企業の最終的な損益を示す言葉である。そして、単一のボトムライン、つまり、①経済的な視点(Economic)からの企業活動の報告のみではなく、これからは、②社会的な視点(Social)や、③環境の視点(Environmental)にも配慮した報告が求められるであろ

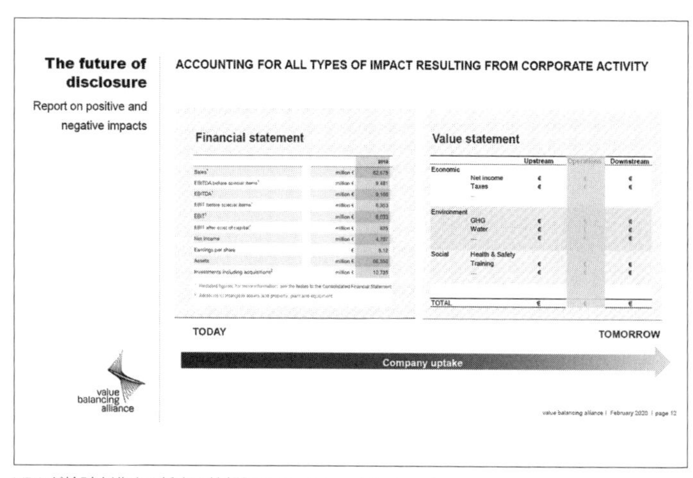

VBAが検討を進める将来の情報開示(The future of disclosure)

うことを想定している。

今後、企業活動の開示・報告がどのようにあるべきか、例えば、Value Balancing Alliance[5]（VBA）などのコンソーシアムが検討を進めており、SAPも、BASFやBosch、また、日本からは三菱ケミカルホールディングスなどとともに、検討をリードしている。

企業は、“トップライン”（売上高）や“ボトムライン”（最終損益）のみならず、“グリーンライン”、すなわち、環境にどれだけ配慮した活動がなされているのか、よりタイムリーで、かつ必要な粒度での開示が求められる。

冒頭で紹介したデモでは「CO_2排出量を減らすためには生産を可能な限りドイツで行う必要がある」との判断であったが、もちろん米国のプラントからのCO_2排出量を少なくしていく取り組みが求められるのはいうまでもない。

また、それらの企業活動を適切な数値データとともに、取り組みの進捗度合いも含め開示・報告していくことも求められるであろう。SAP Product Carbon Footprint Analyticsは、それらをより効率的・効果的に行うために、企業活動を「デジタル化」するという文脈から貢献していくことを想定している。

求められる新しいマインドセット

繰り返しとなるが、冒頭で紹介したデモは、将来に向けたビジョンを示しているものである。そして、

CO_2削減が喫緊の課題であることは自明だとして、その解決のためには、これまでにそれぞれの企業が行動していたときとは違った、新しいマインドセットも必要と思われる。

すなわち、デモの中で示したような企業間コラボレーション、あるいは、コミュニケーションが実際に可能なのであろうか、という問題提起である。CO_2削減に向けては、これまではどちらかというと、自社内に閉じた活動が主だったものと考えられる。

企業間コラボレーションという視点では、具体的には、バリューチェーンの下流の企業が、上流の供給側へCO_2削減に向けて一緒に取り組みたいと支援を訴えることがデモのはじめに示されている。また、CO_2を削減するために、上流の企業が下流の企業に価格への上乗せについて打診していくことが示されている。一方で、その上流の企業はそれまでの7%近いマージンを、6%程度にすること、すなわち、自社が痛みを伴ってでもそうしようとすることが、(言外にではあるが)示されている。あくまでもビジョンを示すデモであり、それらは数ある論点のうちのほんの一部分であろう(実現性や妥当性の観点も含め数多ある中の)。

ただ、このような、これまでには想定されなかったような観点で企業間のコミュニケーションとコラボレーションを実現していかないことには、この喫緊の差し迫った課題に対処できないかもしれない。今回のデモは、そういった議論の呼び水としての位置づけも多分にあることをご理解いただければと思う。

今後、それらの議論を活性化させるとともに、SAP Product Carbon Footprint Analyticsを、企業間のコミュニケーションとコラボレーションのための基礎材料を管理・提供するプラットフォームとして位置づけていきたいとも考えている。

それぞれの企業には、より能動的・積極的な、あるいは「利他的」なマインドセットが求められるであろう。そしてそれらは、場合によっては、“グリーンライン”の中で開示・報告がなされることになるのかもしれない。

2020年のSAPPHIRE NOW Reimaginedで、SAPは気候変動対策に向けた取り組み、すなわち、“Climate 21プログラム”を発表した[6]。私たち人類が直面する課題に対し、SAPは皆様とともに取り組みを進めていきたいと考えている。

文:SAPジャパン インダストリー・バリュー・エンジニア **竹川 直樹**

04

マージンの最大化が社会との共存に繋がる理由

データとプロセスの統合によるマージン最大化の戦略。根底にあるのは、企業と社会のサステナビリティ両立

ピンク色に覆われた大地を、ピンク色の重機が縦横に走り回る[7]。「ロイヒル」は、西オーストラリア州のピルバラ地域で行われる鉄鉱石採掘プロジェクトだ。日本の総合商社である丸紅も15%を出資するこのプロジェクトは、ハンコック・プロスペクティング社のジーナ・ラインハート会長が描いた構想を具体化してはじまった。年間6,000万トンを採掘し、ポートヘッドランドに積出港を1つ、積載船2隻とシップローダーを1基保有し、輸送用鉄道は344kmにおよぶ。

鉱山業界のイメージは、巨大で屈強な男の世界ではないだろうか。ピンク色は似合わないと思うかもしれない。しかしロイヒルの鉱業活動は驚くほど自動化され、洗練されている。女性従業員の割合は20%を占め、トラック運転手や採掘機オペレーター、マネジャーなど様々な職種についている。

ロイヒルのビジョンはこうだ。

“人々が貢献し、潜在能力を発揮できる、鉱業ビジネスをハイ・パフォーマンスに行う”

そのために以下の組織を目指す。

- イノベーション思想を中心としたナレッジをベー

スとする

- 約束したものを確実に届ける
- 従業員がロイヒルの目標達成を考え積極的に貢献する
- 各分野で最高の人財をひきつけて維持する
- 合理化プロセスによりハイ・パフォーマンスな結果をもたらす　　　（出典：ロイヒル　ホームページ）

ビジョンの最後が示す通り、ロイヒルは採掘量のみでなく、パフォーマンスを重要視している。オーストラリアのピルバラ港の認可局は、ロイヒルが出荷できる鉄鉱石量を年間6,000万トンと定めているためだ。ロイヒルは、鉄鉱石の品質とグレードを一貫させ、ローコストな鉄鉱石を持続的に生産することで、マージンを最大化することを戦略としている。

マージンを最大化し続けるための戦略

マージンを最大化し続けるためにロイヒルが行っていることは、徹底的なオペレーション統合だ。5つのオペレーティングモデル（ガバナンス、デマンド、サプライ、ピープル、インプルーブメント）は、鉱業機能（採掘、処理、鉄道運搬、積出港）に横串で配置されている。これにより、鉱業機能別にサイロ化されることなくEnd to Endで統合され、最適化された運用を行うことを可能としている。

一例をみてみよう。ロイヒルが保有するすべての設備とメンテナンス供給は、設備の可用性を最大限に引き出すことを目的に、SAP インテリジェント・サプライチェーン・フォー・アセットで統合されている。

面白いのは設備メンテナンスをリフレーミングしていることだ。設備をお客様と捉え、設備の情報(Voice of Asset)を基にメンテナンスという製品を供給し、可用性を最大限に引き出す、次のような仕組みを構築した。

- 重機や鉄道などすべての設備から出る情報をIoTで集める
- 設備の情報や故障予測アルゴリズムを基にメンテナンス需要予測を行う
- 需要情報はメンテナンスジョブ計画や部品供給計画のインプットとなる
- ロイヒル内の倉庫にあるメンテナンス部品在庫が

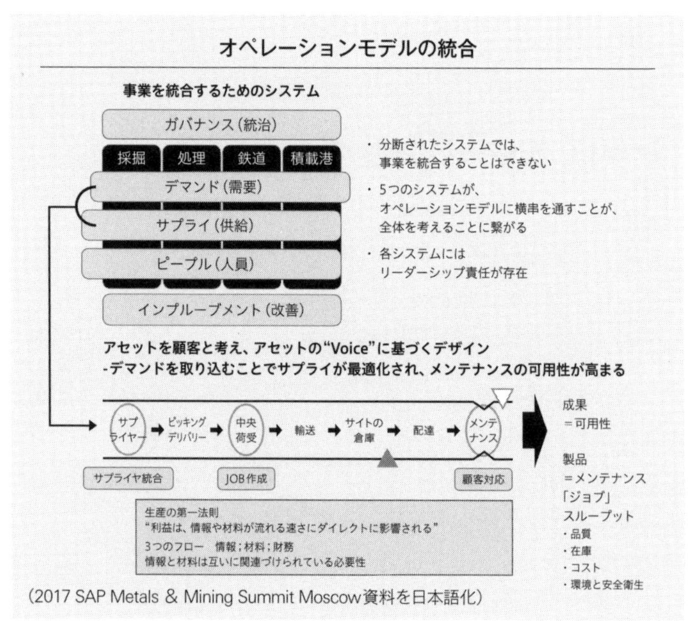

(2017 SAP Metals & Mining Summit Moscow資料を日本語化)

可視化される

- 需要情報はロイヒル内だけでなく協業サプライヤーまで共有される

例えば、鉄道機関車はロイヒルのネットワークを介して米国のコントロールセンターに直接リンクされており、250以上のデータポイントで監視されている。データはアルゴリズムによって欠陥と必要な是正処理が識別され、機関車整備チームのメンテナンスジョブや、部品供給計画のインプットとなる[8]。

「マージン最大化のための統合」を基本思想に据えたこのようなシステムを利用することは、従業員の意識を思想に寄り添わせることに繋がる。ロイヒルのサプライシステム・トランスフォーメーション・ディレクター インドラセン・ナイドゥー氏は語る。

「ビジネスモデル再編やシステム構築を行うだけでは変革には不十分です。我々にとって、ヒューマンシステムに注目することが重要でした。ヒューマンシステムとは、従業員の思考や感情および行動が、目標に合わせて描かれた新しいビジネスモデルやシステムに沿ってこれまでと違う行動をとることによって、変わってくるというものです」

ロイヒルが追い求めるのはこれだけではない。ロイヒルの設備は多くがピンク色だが、これは、乳がん啓発活動を応援するためにシンボルカラーにちなんだものだ。同社は、マッチングギフトによる寄付を通じて、世界の女性の最大の死因となっている乳がん撲滅活動への支援を行う。これは多くの女性支持を集め、同社のダイバーシティ&インクルージョンの助けとなっている。さらに、環境保全にも力を入れる。採掘時に取り除かれた表土と岩石の多くは、採掘ピットに低コストで埋め戻されるが、この表土には土地の再生に必要な種子や微生物が含まれており、原状回復のスピードを速める。また、この埋め戻しプロセスにより、土砂の運搬距離が最小化され、CO_2排出の削減にもなる。同社が含有する鉱石の全採掘が完了するのとほぼ同時に、すべてのピットが埋め戻され、原状回復が完了する見通しだという。

企業と社会のサステナビリティを両立する

これらの活動は、ロイヒルが大切にする社会貢献への理念を明確に示している。そのような理念に共感した優秀な人々がロイヒルに集い、ビジネスに貢献し、潜在能力を発揮するのである。社会に対するロイヒルの貢献はひと回りして、企業としてのサステナビリティ強化に繋がっている。化学と冶金学を学んだエンジニアのネスラ・テア氏は、「自分の知識を、とてつもなく巨大な設備を扱うこの環境で使ってみたい。ロイヒルの人たちはそれぞれが最高のエキスパートです。彼らから日々多くを学び、知識を実践に活かせる。最高に楽しいです」と語る。

マージンにフォーカスする。社会や地球と共存する。ロイヒルの経営は見事にふたつを両立している。理念をもち、持続可能な開発を行おうと考えるなら、まず企業が継続しなくてはならない。そして、企業が存続するために社会や地球への配慮は欠かせない。

ロイヒルは、SAP インテリジェント・サプライチェーン・フォー・アセットを用いて設備の可用性を最大化し、コスト効率を高めてマージンを最大化している。同時に、スペアパーツの寿命を最大化することや、メンテナンス活動を最小化してCO_2排出量を削減することで、地球環境へも配慮している。後者はマージンを追いかけた結果、副次的に発生したものだろうか。そうではない。ふたつのありたい姿を明確に描き、マージン最大化と共存を同時に成り立たせられるようにシステムを構築したのだ。そして、そのシステム構築に必要だったものは、SAPが創業以来変わらぬ思想として持つ、End to Endのデータおよびプロセス統合である。

文：SAPジャパン インダストリー・バリュー・エンジニア **東 良太**

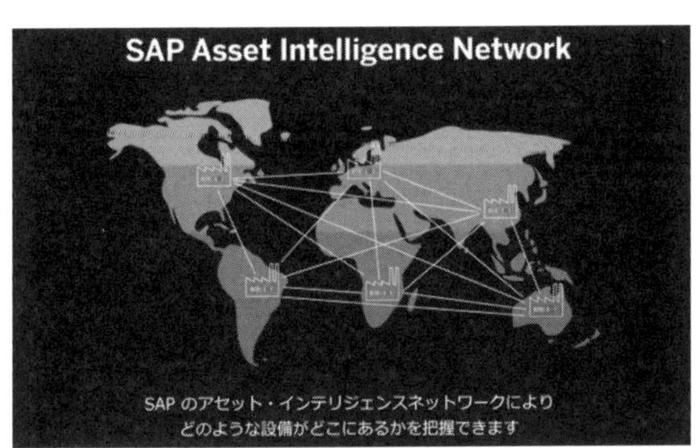

マージンを最大化し続ける Roy Hill のインテリジェント・サプライチェーン・フォー・アセット
https://youtu.be/yseYI6OC0L0

05

世界が求める環境改善。応える姿勢が躍進の原動力

活況を呈する「環境改善」関連ビジネス
トップランナーに学ぶことでシナジーが生まれる

2020年、新型コロナウイルス感染拡大防止に伴うロックダウンにより交通量が減り、世界各地で温室効果ガスの排出が抑えられた。IEA(国際エネルギー機関)によると、世界のCO_2排出が前年度比で8%減少すると予測されており、過去最大の排出量削減になる見込みが示された。だが、過去にも何らかの経済活動が停滞する事象が起きたときには同様の状態になったことから、経済活動が再開されると、また元に戻ってしまうという悲観的な予測もある。

需要が高まるEV関連市場

2020年9月、カリフォルニア州ニューサム知事は、ガソリンエンジンを動力とする乗用車とトラックの州内での新車販売を2035年から禁止する方針を打ち出した。電気自動車(EV)への移行を促し、環境負荷を低減し、毎年発生する山火事をなくすことが狙いだ。

東京都も2030年までにガソリン車の販売をゼロにする目標が2020年末に示された。ブルームバーグNEFによると、2020年は全乗用車の約3%がEV、2040

新型コロナウイルスの影響を受けた2020年のCO_2排出量予測

- IEAは、新型コロナの影響で、2020年の世界のCO_2排出が前年度比で8%減少すると予測。
- 昨年UNEPは、1.5℃目標の実現のためには2020～2030年の間に世界全体で毎年7.6%のCO_2排出量の削減が必要と分析しており、この8%減少は必要となる年間削減量と同水準。
- 経済活動を犠牲にせず、1.5℃目標の実現に向かうには、非連続なイノベーションが不可欠。

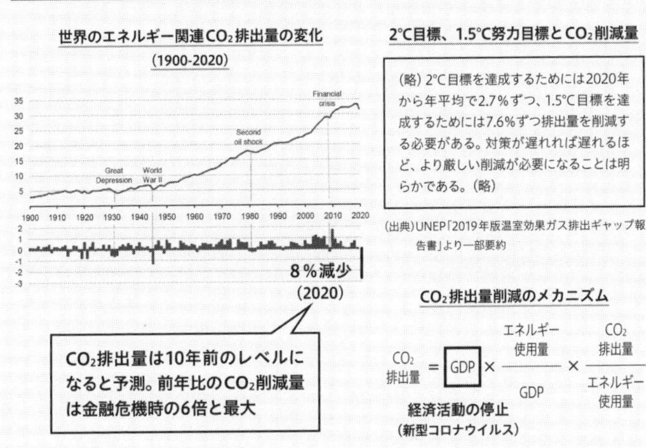

(出典) IEA「Global Energy Review 2020」を基に一部加工

年には58%になり半数を超える予測をしており、自動車関連各社はEVを軸に開発競争が激化している。まだまだEVは内燃機関乗用車に比べてコスト面に課題があるのが実情だが、初期費用＋ライフタイムコストでいうと2025年ごろには追いつくと予測されている。

そのなかでも注目されているのがEVの動力であるリチウムイオン電池だ。EVコストのうち、実にその3割を占めているのがリチウムイオン電池で、このコストダウンこそがEV販売価格低下のカギを握っている。そのためOEM各社は、リチウムイオン電池メーカーに熱い視線を注いでおり、EV関連市場のなかでも競争激化している領域だ。旺盛な需要に応えつつ、コストを抑え、品質を維持し、地球環境にも優しくなければ勝ち抜けないのは、EV関連市場の特性だろう。

そのなかで躍進が目立つ企業が、リチウムイオン電池のリーディングカンパニー「寧徳時代新能源科技股份有限公司(CATL＝Contemporary Amperex Technology Co., Ltd.)である。

CATLは、2011年に創業し、類まれなる技術力を武器に取引先を着実に増やし、成長を続け、2016年にはパナソニック、BYDに続く世界3位になり、翌2017年には世界トップに上り詰め、たった7年ほどで業界トップに立つ驚異的な企業として注目を集めている。そして彼らが掲げる以下のビジョンには、地球環境問題に立ち向かう意思が表れる。

> 「中国の文化に根ざし、グローバルな文化を受け入れ、グローバルで最高の革新的なテクノロジー企業を目指し、人類のグリーンエネルギーの解決に優れた貢献をし、従業員の精神的および物質的な幸福を追求するプラットフォームを提供します！」
>
> (出典：CATL　ホームページ　コーポレートビジョン)

中国政府の新エネルギー車への補助金制度の後押しもあり、世界最大のEVマーケットである中国では、リチウムイオン電池の現地調達ニーズが旺盛だ。だが、多くの取引先を持つCATLは、旺盛な需要に応えようにも、生産キャパシティが追い付かず、生産能力拡大が急務であった。

次世代製造プラットフォームの確立

2014年、需要が急速に高まるなか、CATLは厳しい安全基準と高品質を維持しながら、生産能力を拡大するための策を検討した。製造プロセスの自動化をサポートし、生産プロセスの全ステップで詳細な監視を可能にする、インテリジェントな製造プラットフォームの確立がCATLには必要、という考えに至ったのである。

2014年に導入したコモンプラクティスが詰まったERPとシームレスに連携し、需要変動にもタイムリーに対応するプラットフォームの確立を目指した。2015年末にはパイロット拠点をベースに導入し、標準システムアーキテクチャーや製造機器との接続に関する標準も定まり、ERPから製造実行システム(MES)、そして製造現場の装置まで垂直統合した製造プラットフォームの型ができた。2016年には他拠点へのロールアウト。このころには業界3位のポジションを獲得し、競争力を支える製造プラットフォームを展開する翌2017年、迅速な製造能力拡大が功を奏し、ついに業界トップの座に就いたのだ。

「SAP Manufacturing SuiteとSAP Max Attentionのおかげで、最高の品質基準を維持するための支援を得ながら、効率的な自動化プロセスの実現による生産スピードの向上、そして意思決定に必要な可視性を手に入れました」(Chen Ling , CIO, CATL)

インテリジェントな垂直統合型製造プラットフォー

ムの確立は、いずれもQCD向上に関連している。

- 合理化された自動化プロセスにより、生産量が約25%増加
- 新設ラインへの導入時間が短縮し、生産能力拡大の期間を短縮
- 生産プロセス全体、End to Endのトレーサビリティ確立
- プロセス分析により品質向上が可能になり、市場での製品の差別化
- リアルタイム監視機能による現場作業の改善促進。IoTテクノロジーを使用して、8,000台以上のマシンを単一のインテリジェントな製造プラットフォームに統合
- インメモリコンピューティングを使用しマシンセンサーからの膨大な量のデータを分析
- 単一の信頼できる情報源に基づく生産インテリジェンスによりビジネス意思決定をサポート

このようにCATLは類まれなる技術力に加え、旺盛な需要に対して早期に対応できる製造プラットフォームを武器に、一歩先を行く競争力を身につけた。

製造して終わりではない

CATLの取り組みは、競争力のあるリチウムイオン電池の設計、製造、そしてOEM各社へ出荷して終わりではない。大量生産、大量廃棄では地球環境への配慮は不十分。寿命が尽きた電池を回収し、別の用

途での使用やリサイクルを通じて再生資源として製造への再投入を行っている。CATLの競争力の源泉は、QCDを担保し、迅速に生産能力拡大するだけでなく、地球環境改善への強い想いもスピード感をもって実践していることだ。

CATLは、ビジネスのサステナビリティと地球環境のサステナビリティを両立させて躍進する。

見渡すところ隙のないようなCATLという世界トップのプレーヤーは素晴らしい手本だ。競合相手が伍していくには、CATLの歩みから学び、それぞれの強みを加味し、地球環境改善への想いを原動力にして、独自のアプローチを見出し実行することしかないように思う。これからは地球環境を損なわずに自らの経営を維持することを両立させるためのビジネスモデルを考えていくことが当たり前になっていく。20年、30年先はどうなるかはわからない。しかし、どうなりたいかは考えられるはずだ。

未来のなりたい姿からバックキャストしてすべきことを特定し、スピード感をもって歩を進めること。競争がこれまで以上に激化していくとしても、その結果が地球環境の保全に繋がり人の生活がよくなっていく分野は、このEV関連業界以外にも多く存在するだろう。次の世代、さらに次の世代のために、いずれの企業にも、サステナブルな事業運営と地球環境の改善に向けた技術開発、両面での活躍を期待したい。

文:SAPジャパン インダストリー・バリュー・エンジニア **柳浦 健一郎**

06

強みを生かしたエコシステムで、変革の推進を

成すべきことが決まった以上、後は、どうやるかを考えるだけである

2015年、パリ協定において、世界共通のふたつの長期目標が掲げられた。

- 世界の平均気温上昇を産業革命以前に比べて2℃より十分低く保ち、1.5℃に抑える努力をする
- そのため、できるかぎり早く世界の温室効果ガス排出量をピークアウトし、21世紀後半には、温室効果ガス排出量と(森林などによる)吸収量のバランスをとる

そして、日本をはじめとする各国では、温室効果ガスの排出量を削減するための中期目標を掲げた。現在、「エネルギー供給の低炭素化」と「省エネルギー」に各国は取り組んでいる。

そのひとつの「エネルギー供給の低炭素化」では非化石電源、つまり原子力や再生可能エネルギーによる発電の比率を上げていくことを急務とする。2020年10月26日の臨時国会では、菅義偉首相が所信表明演説を行い、温室効果ガス排出量を2050年までに実質ゼロとする目標を宣言。これが、注目されている。非化石電源であり、必要量を発電できるのは原子力発電であるが、今の社会環境で、将来原子力発電に

頼る戦略は想像し難く、再生可能エネルギー、特に太陽光発電や風力発電などグリーンエネルギーである自然エネルギー源の発電に期待がかかっている。

再生可能エネルギー発電の可能性

太陽光発電や風力発電で足りない分は火力発電で賄う、という今までの常識を変えていくキーとなるのは、蓄電技術とデータ分析技術である。電気は貯められない、また、域内の電力の需要（発電）と供給（消費）を絶えず一致させる同時同量の原則といったものが電力供給の常識であったが、近年の蓄電技術によって、ある程度の容量の電力を蓄電池に貯めることができるようになった。これにより昼間の太陽光発電機で作られた電力を蓄電池に貯めて、太陽光発電のできない夜間に利用することが可能になった。

再生可能エネルギーは環境への配慮のためには有効だが、儲からないというイメージを持っている方もいるだろう。理由として太陽光発電や風力発電など発電力が主に気象条件に委ねられて安定した発電量が確保できないこと、それによって売電の販売条件もよくないこと、原子力、火力などのプラント系の発電設備に比べ設備保全に投資できず壊れやすいこと、などが挙げられる。

しかし技術によって発電力が予測でき、設備保全の観点でも能力を最大限引き出すことで、再生可能エネルギーの可能性は大きく広がるであろう。

再生発電「IoTデータプラットフォーム」

前述のリスクを最小限に抑え、効率的な再生可能エネルギー発電への投資を促進するために、ドイツの再生可能エネルギー発電運用サービスプロバイダーであるカイザーウェッター社は、SAPと協力してソーラーパネルや風力発電機のIoTデータプラットフォームを、SAPのプラットフォーム技術で開発した[9]。これは、IoT技術を使いセンサーデータの取得、設備に関する技術情報、気象情報、また売電や設備保全コストなどの財務的情報も取り込んでいるのが特徴である。

そして世界中の膨大なデータから、スマートデータ分析、予測分析、機械学習機能を駆使して、故障の可能性予測や各機器のパフォーマンス予測などの発電に関わる運用の最大化と、故障や設備検査による停止などのリスクの最小化を定義している。予測分析の精度を高めるためには、様々な条件での運用データが多くあるに越したことはない。これは、世界中の運用データを持っているカイザーウェッター社の強みである。

これにより発電事業者は、ひと目でどの設備が、技術的または財務的パフォーマンスの低下を示しているか、将来障害が発生する可能性があるかを特定し、対処することができるのだ。具体的には、例えば風力発電の故障予測分析については、過去の技術データと機械学習アルゴリズムを使用して、特定の風力発電設備の各風力タービンの通常の運転条件のモデルを構築する。

そのモデルの結果を、現在の、各風力タービン・リアルタイムデータの設備運用パフォーマンスと比較する。また風速、ピッチ角、周囲温度、ローター速度、ナセル位置等のリアルタイムデータを取得して、ギアボックスの温度を試算し、恒久的に測定されたギアボックスの温度と比較する。つまり、設置されたタービンを継続的に監視し、異常を特定し、ユニットのパフォーマンス低下や故障に繋がる可能性のある潜在的な障害を検出するのである。

これにより、故障時のダウンタイムのリスクを最小限に抑え、発電事業者の収益の最大化を実現するのだ。設備保全では、ダウンタイムを最小化にすることが直

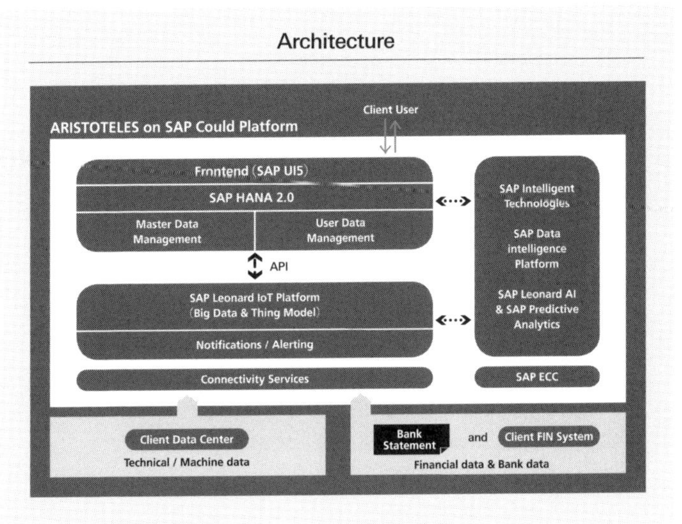

接コスト削減と収益向上に寄与するといわれている。まさに一番の肝を押さえることができるわけである。

強みを生かしたエコシステムの活用

カイザーウェッター社は電力会社ではない。あくまでもデータ分析から最適な発電量と設備保全リスクの予測情報を提供するサービスプロバイダーであり、再生可能エネルギー事業者にとってはパートナーである。そして前述の通り、多くの企業の持つビッグデータを用いて予測分析を行うことができるのが最大の強みである。

電力業界でも各社が発電所のセンサーデータ、需要データ、メーターデータなどビッグデータといわれる多くのデータを保有して分析を行っている。しかし、ビッグデータ分析の基となる情報は多岐にわたるほ

カイザーウェッター：Teaming Up with SAP to Maximize Investments in Renewable Energy
https://www.youtube.com/watch?v=FwLt9vu7puk

うが分析の深度、精度もあがってくることを考えると、企業内の情報だけではなく広く様々な状態の情報があるに越したことはない。

私が参加している「デジタルプラントイニシアティブ」というプラントのデジタル化を考える企業の壁を超えたコミュニティでも、企業間でのデータの共有の有効性については話題となっている。しかし、各社の情報を共有することにはまだまだ障壁も多く、実現には時間がかかりそうである。このような形態でのパートナー企業を介することで、個々の情報を共有することにネガティブな企業でも、ハードルは下がるだろう。このようなビッグデータ活用、言い換えればエコシステムの活用は、電力事業者の変革推進に役立つものであろう。

エネルギー白書2020によると日本の風力発電導入量は、2017年末時点で世界第19位。諸外国に比べて平地が少なく地形も複雑なこともあり、決して風力発電が盛んな国ではない。しかし温室効果ガス排出量を2050年までに実質ゼロとする目標を掲げ、さらなる再生可能エネルギーへのシフトが求められる現在では、データによって高効率かつリスクを低減できるソリューションの存在は重要である。

「この新たな透明性によってお客様の投資リスクは大きく下がります。再生エネルギーに投資できない理由はもう見当たらないのです」(Hanno Schoklitsch, CEO & Founder, Kaiserwetter)

文：SAPジャパン インダストリー・バリュー・エンジニア **田積 まどか**

第2章

トップランナーは業界を超えて

Chapter 2

Prologue

企業のウェアラブルデバイスは進化する。業界によって企業によって、必要とされる機能や指標は異なる。これまでの歴史や伝統だけを踏襲して決められるものではなく、置かれている今や、不確実な未来を読むために必要な機能が搭載され、必要な指標を捉えられなければ使う意味がない。

新たな機能は、新たなテクノロジーが可能にする。

業界をリードする企業とそのパートナー、SAPとのエコシステムにより、それぞれの業界が今後必要とするウェアラブルデバイスの進化がはじまっている。進化系デバイスを装着することで新たな情報を経営に活かすことができる。さらに、そのデバイスの進化に自ら関与することもできるのだ。自身が必要とする機能を最初に手にすることができるだけでなく、「開発」という新たな経験からの財産が得られる。関わった人が育ち、企業の財産となる。引いては社会の財産になっていく。

安定を最優先にして枯れた技術を志向し、海外企業頼みにしてはいないだろうか、大企業頼みにしてはいないだろうか。やってみないとわからないことをやってこそ成長できるのだ。

あなたの企業が装着しているデバイスは、あなたの今を表示するために必要な機能が搭載されているだろうか。足りないとしたら、それを手に入れる方法は見つかっているだろうか。

01

長期ビジネス戦略に沿った企業買収とデジタル変革

同業者の併合や、他業種の買収において、無駄を排しシナジーを出すために必要なことは？

独KION Groupは、日本の豊田自動織機に次ぐ世界第2位のフォークリフト（以下FL）メーカーである。19世紀以来の長い歴史をもつLinde AGから、複数のブランド（Linde、STILL、FENWICK、Baoli、VOLTAS、OMなど）がある産業車両部門が分離して2006年に発足した。後に、マテリアルハンドリングの自動化とサプライチェーンソリューション（以下SCS）に強みをもつDEMATIC社を2016年に買収。現在、統合サプライチェーンソリューションを提供する企業グループにその姿を変えつつある。

KION Groupは、DEMATIC社の買収を機に長期計画を策定し直し、**2018年に「KION 2027」を発表した**。そのなかで、狙う市場セグメントをFLではなく「マテリアルハンドリング」と定め、その市場成長を上回る成長と、その市場において最も利益率の高い企業グループとなることを目標に掲げた。

ここで注目しておきたいのは、COVID-19でにわかに注目を浴びたResilience（困難から立ち直る力）という単語がすでに用いられていることだ。

将来ビジネス的な苦境が必ず来ることを想定して

図1. KION 2027戦略概念図

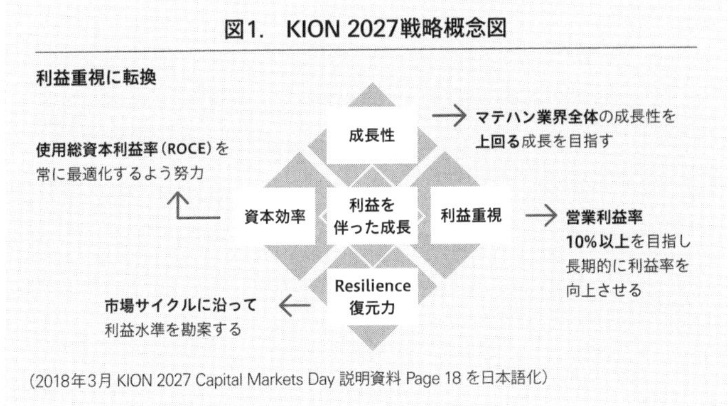

（2018年3月 KION 2027 Capital Markets Day 説明資料 Page 18 を日本語化）

の戦略立案。単にそのときの状況に対処するだけでは、継続的な成長は見込めないことを教えてくれているようである。

Intralogistics 4.0へ

インダストリー4.0（以下i40）の目的のひとつである「Segment of One ものづくり」に必要になるのが、工場や倉庫の構内物流の「システムによる自動化」である。KION Group は この概念を“Automated Systems”と呼び「No Industry4.0 without Intralogistics4.0（構内物流4.0無くしてi40無し）」とのキャッチフレーズをつけている。

Intralogistics 4.0（以下IL40）へ向かうKIONのロードマップはユニークだ。手はじめにインテリジェントFLのコンセプト機を開発（SAP HANA Cloud Platformも活用）し、自律的に安全に運搬できることを証明した。

続いてフリートデータマネジメントを用いたFL利

用の最適化方法を編み出し、それらを組み合わせて構内での無人走行の実現を目指している。その先にAutomated Systemsがある。その必要条件のひとつが、いわゆる"from shop floor to top floor"という企業内垂直統合である。ERPからのデータに基づき経営層が下した意思決定が直接に生産工場で活動する人や機械設備に届き、かつ、今、生産工場が計画通り稼働しているかが経営層までリアルタイムに届くことを意味する。

KION 2027からは、客先のERPから生産現場にあるFLやAGVなどのハードウェアまでの垂直統合をKIONワンストップで実現する戦略が読み取れる。マルチベンダーから成る機器やソフトウェアの統合は、顧客側が技術リスクを負うことになるが、それをKION Groupで請け負うことができれば、IL40を求める顧客への価値向上に繋がるのである。

実際の垂直統合は現場ごとに異なる。DEMATIC社

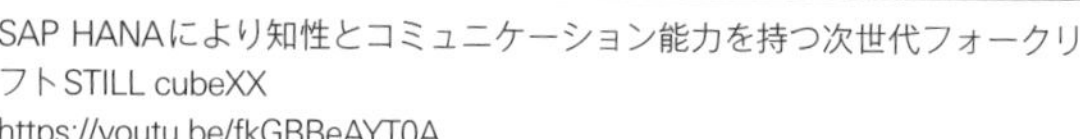
SAP HANAにより知性とコミュニケーション能力を持つ次世代フォークリフトSTILL cubeXX
https://youtu.be/fkGBBeAYT0A

は、複雑な統合をパターン化して実装する自社開発のSCSに加え、特に、SAP LES、eWM、TMなど物流系システムの導入サービスにも力を入れるSAPパートナーとしての顔も持っている。

KION Groupの産業用車両

産業用車両部門では、過去に併合してきたブランド価値向上のために、電動や内燃機関の「カウンタータイプ」「リーチタイプ」など同じカテゴリーの車両を、先に挙げた複数のブランドで並行設計・生産している。複数ブランドを維持することによって市場の占有率を保持し、なおかつ効率の良いものづくりを行うにはどうすべきか。KION 2027に「効率的な製品開発」という方針が示されている。

図2. 効率的な製品開発に向けたK1PLMのロードマップ

(SAP PLM Info Days 2019発表資料を日本語化)

K1MESとK1PLM

生産プロセスも設計プロセスも、グループ内で同じであれば効率は良い。KION Groupは、プロセスの標準化を目指してIT変革プロジェクトを起こした。MESの一元化を目指すK1MESと、PLMの一元化を目指すK1PLMである。K1MESは“from shop floor to top floor”のグループ内垂直統合を単一のITプラットフォームで実現するもので、SAP ERPのバリアントコンフィグレーション、SAP MII、SAP ME、SAP BI/BOが使われている。作業指示は電子的に下され、作業進捗はサイバー空間で可視化されている。工場の全体アーキテクチャはi4.0標準に沿っている。FLは、受注時に多数のオプションが指定される。紙による生産指図と比べて、必要な構成部品とその在庫情報の取得時間の短縮、エラーの削減、受注から完成品までの追跡、生産実績の確認などに大きな効果をあげた。

K1PLMも、KION 2027に沿ったプロジェクトだ。2016～17年は、PLMのスコープを製品の複雑性の管理に集中させた。製品のモジュラー設計を進めることで、顧客からのカスタマイズオプション需要を飛躍的に高めることに成功。一元化されたK1PLMがCADと製品構成を管理することで一応の完成をみた。

2018年から、K1PLMをIoTとデジタル対応に引き上げる取り組みを開始した。コネクテッドFLの開発と、そのデータを活用して新たなビジネスモデルを始めることが目的である。製品構成には、ハードウェアだけでなく埋め込みソフトウェアも含まれるようになった。

K1PLMでは、SAP ERPと統合されているSAP PLMと、Siemens NXとが密な連携をしている。Siemens NXを900人ほどのエンジニアが、そしてSAP PLMを2000人ほどのアクティブユーザが使用しているという。E-CADやMS Officeとの連携も果たしている。生産工程は前述のK1MESでERPと統合済みであり、これによって、製品構成管理を中核にしたモジュラー設計→E-BOM構成→受注時のバリアント選定（部品とソフトウェア）→M-BOM展開→部品手配→生産指図と現場での組み立て→生産実績記録までのプロセスがE to Eで繋がったことになる。

この成果として、KION Groupは2019年末にi40対応フォークリフトトラックと銘打って、フルデジタル生産のLinde Digital Truck1202シリーズを発表した。テレマティクス用ユニットで常にクラウド接続され、インテリジェントセンサーからの情報を解析・活用することができる。KION Groupにとって新しいビジネスモデル創出の基礎となる製品である。これからもフルデジタル生産FLの市場投入が続いていくはずだ。

本稿では、KIONという企業グループが「利益重視に転換」した長期戦略に基づき、企業買収とその後のビジネスプロセス一元化とシステム統合を行い、デジタルを活用した新たな製品やサービスを市場に投入していこうとしている途中経過を眺めている。継続して今後の進捗を確認していきたいと思う。

文：SAPジャパン インダストリー・バリュー・エンジニア **古澤 昌宏**

02

南アフリカ発の業界異端児、「世界初」を行く

Z世代やミレニアル世代をいかに魅了し続けるのか。差別化戦略には、顧客世代の心理を読む経済学がある

もともと、Discovery Ltd.（以下「Discovery」）は、南アフリカを拠点とする金融サービスグループである。1992年に設立され、従業員数は約1万3,000人。世界初となる「健康増進型」保険で世界の保険の常識を一変させた南アフリカ発の業界異端児で、現在の彼らの主要な金融サービスは、医療保険と生命保険のみならず、投資、貯蓄、カード、銀行へと拡大する。そして、他社に先駆けて構築した行動変容プログラムのプラットフォームとエコシステムが最大の強みである。

2016年、Discoveryはグループ内にDiscovery Bankと呼ばれる新しいエンティティを立ち上げた（以前は、

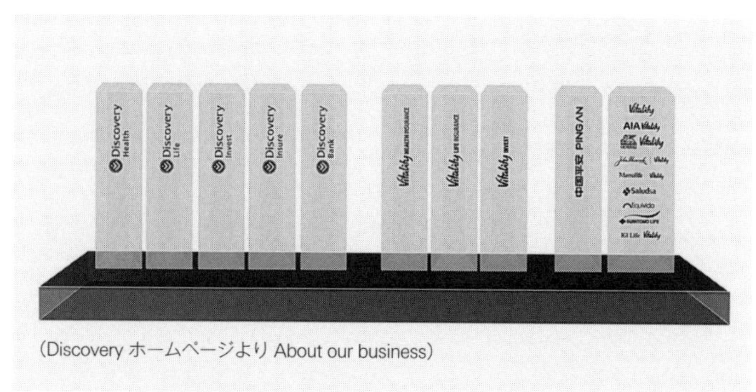

（Discovery ホームページより About our business）

"Discovery Purple Card"というブランド)。そして、2019年に顧客のビヘイビア(行動)に応じた新たな銀行サービスをスタート。Discoveryはビジネスを保険から銀行業に拡大、既存および新規顧客に銀行サービスを提供し、保険で培った行動変容に応じた新たな商品開発に着手したのだ。銀行業においてもすでにディスラプター勢力として注目される存在となった、ビヘイビアバンキングについて紹介する[1]。

ビヘイビアバンキングとは?

Discovery Bankの顧客の多くは、Z世代またはミレニアル世代といわれている。Discovery Bankは、世界で初めて顧客の生活行動(※食生活、フィットネス、禁煙、飲酒など)をベースにした独自の銀行モデル、ビヘイビアバンキングを開発した。これにより顧客は、個人の資産目標を設定し、目標を達成するための行動変容促進を図ることができるようになる。銀行は、顧客がより責任を持って経済的行動に取り組んでいることを認識できれば、デフォルト率を下げ、結果として生じる利益を共有し、個人と社会の両方にとって、より大きな経済的価値や活力を生み出すことができるという考えである。

Discoveryは、Behavioral Economics(行動経済学)という新しいビジネスモデルを採用したのだ。

顧客はVitality Moneyと呼ばれるリワードプログラムを通じて、自身の資産状況を評価し、目標の設定を行う。Discovery Bankアプリに組み込まれているこのプログラムで、週毎の目標に対する顧客の進捗状況を追跡し、結果を報告。ユーザは随時自身のパフォーマンスを確認することが可能だ。

Vitality Moneyは、目標を達成した顧客に毎週報酬を渡し、継続することで特定のステータスレベルを達成するのに役立つポイントや報酬が付与される。Discoveryパートナーからは、食品クーポンからフライト、ジムなど様々な割引が提供され、さらに、積極的な活動により、預金や投資のリターン率の上昇やローン金利の優遇などの金銭的見返りも得られる仕組みである。ステータスレベルは、ダイナミック、顧客の行動変容に応じて上下するのだ。ステータスレベルの低下は、通常人々が目標を達成するために金融行動を調整するように動機づけられる。

行動報酬モデルを活用

Discovery Bankは、金融サービス会社であるDiscoveryの一部であり、様々なブランドを通じて保険や資産管理、および従業員向け福利厚生なども提供。また組織は、他の事業分野でも行動報酬モデルを活用する。

「これは“単なる”リワードプログラムではないことへの注意が重要です。私たちの“プログラム”は、行動の変化に関連しているため、より豊かな社会作りに貢献することができます。これは非常に重要な差別化要因だと思います」とDiscovery Bankの副CEOであるFrançois Groepeは述べている。

また、「Discoveryは真のイノベーション企業です」とCIOのJérôme Freyは話す。そして、会長のAdrian Goreは、新商品が定期的にリリースされることに多くの情熱を注いでおり、「Discoveryが立ち止まることはありません」と言っている。

実際、Discovery Bankは、運用開始から6カ月以内に2つの新商品を発表。どちらも好評を博している。

ひとつがDiscovery Milesで、顧客は銀行口座を使用して特定の支出活動のオンライン・マイルを受け取ることができる。マイルは取引ごとにリアルタイムで発生するため、顧客は即座にマイルを通貨に変換し、銀行口座に入金ができるのである。

もうひとつはiStoreという特典で、顧客は新しいApple iPhoneにてより良い行動によって生み出された報酬で利用料金を補填することができるのだ。1カ月の行動目標が達成されると、その月の電話料金をカバーするのに十分な報酬を生み出す可能性もあり、目標を達成できない顧客は、通常と同じく請求書通りに自己負担にて料金を支払うだけなのだ。

テクノロジー活用の顧客サービスを

Discovery Bankは、最初の上市発表からわずか18カ月でシステム稼働。強靭で信頼性の高いテクノロジーにより、わずか5分以内で新しい口座開設ができる顧客オンボーディングのための斬新なアプリケーションも容易に開発したのである。

Discovery Bankでは、SAP S/4HANA Banking(SAP統合コアバンキングパッケージ)、SAP Customer ExperienceおよびSAP S/4HANA(財務会計)などが採用されている。SAPのこれらのソリューションを活用することで、顧客毎にパーソナライズされた、世界初の個人の行動に基づくダイナミック金利モデルを実現した。また、マーケティングの観点から、SAP Customer Experienceを実装し、顧客に対するエンゲージメントを自動化。この自動化のおかげで、サービスをより一層、一貫性のある形で提供できるようになったのである。

「テクノロジーは私たちにとって非常に重要です。迅速で機敏で堅牢でなければなりません。システム構成レベルで非常に高い柔軟性を備えた堅実な製品群が必要でした」とCIOのJérôme Freyは説明する。

さらにDiscovery Bankでは、人工知能や機械学習などの急速に発展しているテクノロジーをソリューションに組み込む方法に着手。ただし、最も重要なのは、顧客の声に耳を傾け、銀行が顧客に対し可能な限り快適でより良い体験を提供できるようにすることと考えているのだ。

テクノロジーを駆使して金融リテラシーを向上させる方法を構築することは、これからの時代、いかなる銀行にとっても基礎となるだろう。

より多くの国内外の金融サービス提供会社が、テクノロジーを駆使して、新しく興味深いサービスや商品を模索、開発し、多くの顧客へ提供されることを期待する。

文：SAPジャパン インダストリー・バリュー・エンジニア **前園 曙宏**

Discovery Behavioral Bank using SAP solutions
https://youtu.be/-9Nz2jt29OU

03

コネクテッド時代を前に最適解を見つけるデータ活用

方針を確実に決めるのはデータに基づいた経営判断。競合会社に打ち勝つスピードをAIで実現する！

2016年にソフトバンクグループ会長の孫正義氏は、「20年以内に1兆個のIoTデバイス」と語った。当時、世界のIoTデバイス数は200億程度。50倍になって1兆個に達するまでにいったい何年かかるのだろうと思った方も多かったかもしれない。しかし、その後の成長は順調で、2021年には500億に達しようとしている。例えば2020年のコロナ禍では、これまでなかったネットワーク体温計などのIoTデバイスが登場した。さらにその増加のペースは、これからやってくる5GによるIoTサービス開始でさらなる加速が予測されており、2030年代を見据えた孫氏の予言は現実味を帯びてきている。

回線を提供する側のサービスプロバイダーも、多額の投資によって5Gをはじめとするインフラを整えつつある。昨今は、スマートシティやスマートファクトリーなどのスマートXの議論でも、まず条件となるのは「コネクテッド」である。あらゆるものがインターネットに繋がるコネクテッド時代、一体どのような世界が来て、我々はどう対応すべきなのだろうか？サービスプロバイダーの施策から考察する。

業界の変化の大波

前述のコネクテッドの波は、通信業界を大きく変える。ガソリン車の駆逐によって、自動車業界はサプライチェーンだけでなく、販売方法・サービスバンドル・提供主体など、あらゆる面の変化が避けられないといわれている。同様に、コネクテッド時代の到来で、通信業界も大きなインパクトを受ける。

【サービスのボリューム】

世界人口70億に満遍なく普及したとしても、スマートフォンの需要は100億台程度が限界である。しかし、IoTはその100倍以上のボリュームの需要が予想される。

【サービスの価格】

ボリュームに応じて回線の単価は(場合によって)数十～百分の一になると想定される。

【サービスのバリエーション】

回線とIoTデバイスをセットにしたバンドルサービスが通信企業にとって重要な売り物になる。これがなければ、単価の下がる回線サービスを補うことができない。通信企業は、あらゆる業界の顧客のビジネスプロセスに深く入り込み、ダイバーシティを取り込んでサービスのバリエーションを爆発的に増やすことになる。

【サービスの提供】

自社だけでのサービス開発をしていては、バリエーションを増やすことができない。様々な業界の課題をつかんで、バンドルサービスを開発し、成功事例を作って、広く展開するためには、様々な地域・業界でパートナーとの連携が必要になる。

通信企業にとってのコネクテッド時代は、需要の成長は見込めるものの、競争は激しく、先行きが全く見えないときといえる。急激な需要の増加に応えつつ、あらゆる業界のデマンドを捉えてトライアンドエラーを繰り返しながら最適解を見つける必要がある。

グローバル企業ボーダフォン

読者はボーダフォンという企業名をご記憶だろうか？ 同社は日本から撤退したが、世界の他の国では成長を続け、現在は3億加入以上のモバイルユーザを抱え、世界最大級のモバイル通信企業グループとなっている。10万人の従業員で48カ国にサービスを提供しており、収益は450億ユーロを超える。

世界のどの国でも、通信事業や無線事業は規制対象であるため、一般的には他国に進出するのは非常に難しいのだが、様々な国におけるバラエティのある子会社の運用をコントロールして、これだけグローバルの広範囲に展開できた通信事業は、世界でもボーダフォン1社だけである。

ボーダフォンは、サービスブランドの統合はしたものの、各国の経営は各社バラバラに進めていた。しかし、2006年にこのグローバル事業内のシナジーを高めることを決断し、すべての子会社の業務の標準化、最適化を強力に推し進める。グローバル子会社の業務標準化は、現場の各社に任せるのではなく、またトップからスタンダードを押しつけるのでもなく、すべての子会社役員を集めて丹念に合意をとりながら、ボーダフォンとしての業務標準化を作り上げた。通信事業者の国際団体TM Forumが、通信事業における業務標準を制定したより3年も前のことである。

彼らはそれを基礎にして、2008年に当時としては画期的なグローバルでひとつのERPを導入し、世界20カ国以上にわたる事業子会社をまとめて運用できるようにした。さらに、その環境を用いて、現場でやっていた請求書発行や支払処理のような共通業務をグローバルレベルでシェアードサービスセンターにまとめ、効率化を推進してきた。

業務プロセス標準化とGlobal One ERPによるデータ活用という、近年聞かれるデジタル事業変革をすでに10年以上前に実現したボーダフォンは2018年に、この完成されたERP環境をさらにバージョンアップすることを決断する。その理由は、まさに「データへの注力」である。

前述のような事業環境の変化において、世界各国に広がる子会社をまとめるボーダフォンは、自社にダイバーシティを抱える。これこそがコネクテッド時代におけるチャンスである。ボーダフォンは、大量の回線提供を実現するビジネスプロセスを構築すると同時に、世界中の需要と業績を注意深く見つめて開発したサービスの評価を迅速に下し、成功に対する確信・失敗に対する反省を早いサイクルでグローバルに展開することで、ドメスティック企業の競合通信企業に対して圧倒的なアドバンテージを得ることができる。そこで最も重要なのは、データとそれに基づいたAIの活用であると、ボーダフォンは考えた。

このプロジェクトにおいて、ボーダフォンは全世界をカバーしていた既存の大規模なSAP ERPを、たった18カ月のプロジェクトでSAP S/4HANAに移行し、業務基盤をバージョンアップした。この施策に役立ったのは従来からのデータである。

ボーダフォンは長年使い続けてきた基幹システム、SAP ERPに自社独自のアドオンプログラムを乗せていたが、これらのひとつひとつにカウンターをもたせて、どのプログラムがどのくらいの頻度で使われているかを監視していた。この施策が功を奏し、プロジェクトの初期の段階で移行すべきプログラムと、捨ててしまってよいものを判別できた。また、これも以前から取得してきた従業員エクスペリエンスのデータも活用し、この基幹システム移行による従業員への影響も測定しながらプロジェクトを進めることができた。

ボーダフォンは、SAP S/4HANAの導入により、グローバル子会社の業務プロセスをより緊密に統合化し、自社でデータを活用できる基盤を実現し、それを稼働しはじめている。例えば、すべての事業エリアの通信設備資産データを統合化することで、最大のコスト要素である通信設備、ネットワーク機器1台1台の収益性を分析し、業績向上へのインサイトを得ることができるようになった。これからはじまる様々なIoTサービスの成否も、地域からのデータを統合して、リアルタイムで分析できるようになり、一地域での成功事例が素早く世界に展開できるようになる。

コネクテッド時代の前に

ボーダフォンが行ったのと同様の改革を、グローバルの多くの通信企業も5Gサービスの開発に合わせて計画・実行をはじめており、近いうちに5G-IoTサービスを提供開始する。その通信事業が提供する回線とデバイスは、従来のIoTサービスの予想を超えて、あらゆる事業の末端に入り込み、これまでに取得できなかったようなデジタルのデータを生み出す。例えば企業は、従業員の入館管理から勤怠データを自動作成し、工場の稼働データから予想在庫率や調達タイミングを割り出し、車両機器のメンテナンスデータから効率的な保守サイクルを計画するようになる。

すべての企業は各社各様の戦略でこれらのデータを活用し、さらなる自社の成長・イノベーションに役立てることができるはずだが、その生み出されるデータをしっかり受け止めて活用するシステム基盤とデータ戦略を用意しておかなければ、この果実は得られない。本格的なコネクテッド時代が来る前に、すべての企業は自社の成長にどのようにデータが関わるのか検討しておくべきである。

文：SAPジャパン インダストリー・バリュー・エンジニア **久松 正和**

04

成長するユニコーン企業に学ぶ「人海戦術」との決別

社会も組織も生物と同じように進化していく。そこに伝統企業、大企業という枠組みはない

日本でも耳にすることが増えてきたのが、ユニコーン企業である。

非上場ながらも市場評価額が10億ドルを超える、企業年数10年以内の企業のことを指すが、特にアメリカや中国では、非常に多くのユニコーン企業が活躍している。

2018年時点でアメリカには172社のユニコーン企業が存在する一方、日本では1社のみということで、国際的に見劣りしているといわれる。そこで、日本政府は2023年までにユニコーン企業を20社創出することを目標に掲げた。

昨今の活況な日本企業のスタートアップの動きや、大企業の新規事業を出島で実施するケースが増えている状況からすると、早晩日本からもユニコーン企業が出てくるのではないかと期待が高まる。このように注目されるユニコーン企業は何か特殊な企業運営をしているのだろうか。

代表的なユニコーン企業であるMagic Leap社を深掘し、同社の企業運営の実態に触れながら、その躍進の秘訣を探ってみた。

Magic Leap社

2010年にアメリカ・フロリダで創業したMagic Leap社は、MR（Mixed Reality）の領域で世界最先端技術を武器にマーケットバリュエーションを拡大している（2020年4月時点で、アメリカにおけるユニコーン企業TOP100のリストで20位、市場評価額：66.9億ドル）。

同社は、フロリダのみならずカリフォルニア、ワシントン、コロラドとアメリカ国内でも拠点を構え、ニュージーランド、イスラエル、イギリス、スイスなど、グローバルに拠点を構えてビジネスを拡大する。2019年に日本へ進出をして、NTTドコモから約2.8億ドルの出資を受け、2020年に販売を開始。MRによる臨場感あふれるデジタル体験や、リアルとデジタルの融合による新たなサービスの提供など、5Gが商用化されるタイミングで、魅力的なコンテンツがでてくるのではないかとワクワクする。

MRのような最新テクノロジーを武器に、グローバル規模で急速な成長軌道を描くMagic Leap社。まだまだビジネス初期段階のスタートアップだが、従業員、組織が急拡大し、業務プロセスを属人的に行う限界を迎えた。スタートアップならではの俊敏性と柔軟性を保ちながら、グローバルに大規模なビジネスを遂行する新たな能力が求められたのだ。ほどなく企業運営を支えるインテリジェントなグローバル基盤を構築するプロジェクトがスタートした[2]。

生産性向上

同社におけるプロジェクトのゴールは、次の、シンプルな4点に集約されている。

1. 人、業務プロセス、ITに関わるコア機能全体のベストプラクティスの確立
2. 効率的でスケーラブルな統合ERPソリューションスイートによる組織の成長の促進
3. 産業別市場と展開先の拡大のための業務システムテンプレートを活用
4. グローバル共通のオペレーション

最新テクノロジーを武器に、産業別にMRを活用したソリューションを提供するMagic Leapにとって、企業運営を支えるマネジメントやバックオフィスの専門要員は潤沢ではない。そのため、世の中のベストプラクティスが詰まった業務プロセスおよびシステムを採用して、グローバルに展開することを決断した。

ユニコーン企業には、付加価値が高い技術やマーケティングに特化した人材が集まり、俊敏かつ柔軟に活動をすることに長けているが、仕組みがなければ定型業務が多い業務領域でも人手で対応しなければならず、インテリジェンスを付加して極力生産性を上げ効率化することが望まれたのだろう。

コア業務領域の特定

また、ユニコーン企業といえども、バックオフィス

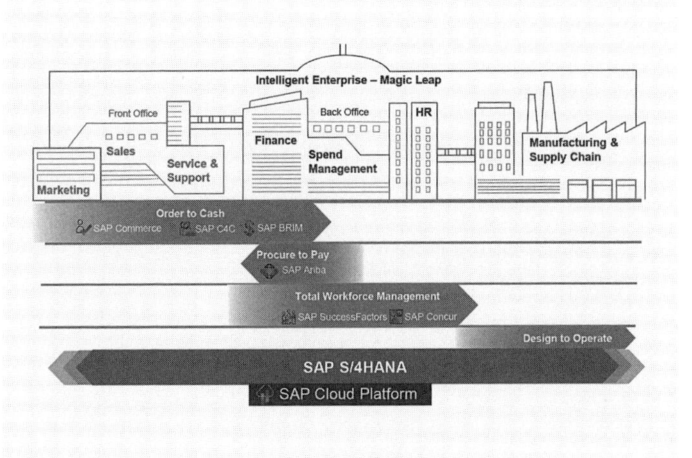

業務領域は大企業と同じである。財務、販売・コマース、調達・購買、生産、人事・人材、顧客サービスなど、企業を支えるコア領域全般をプロジェクト対象とした。同社で特徴的なのは、販売方法としてサブスクリプション（従量課金型）への対応がコア機能として位置づけられていることだ。

デバイスのみならず、加えて開発コミュニティーを交えたアプリ販売もしているため、サブスクリプションでの販売や開発元とのレベニューシェアもコア機能と位置づけ、それを充足させられるITソリューションを採用した。

企業基盤導入後の成果

2020年1月末にすべての導入が完了し、同社は、新たなインテリジェント企業基盤上でのビジネス運営をはじめる。そして、今まで人海戦術でこなしてきた業務が大きく様変わりし、以下のように定性、定量の両面で成果が示された。

【定性的なメリット】

在庫の可視化／請求漏れの削減／MRP活用により計画業務が改善／オーダーフルフィルメントの改善により出荷遅延を削減／期末処理の効率化／SOX法対応／セキュリティー対応／ITに関わる全般統制／RPAによる経営レポートのリアルタイム化／部門横断でのコラボレーション・コミュニケーション向上

【定量的なメリット】

注文処理の生産性が**10%**向上／在庫の正確性が**33%**向上／オーダー充足率が**35%**向上／間接材管理の生産性が**88%**向上

導入する前がいかにマニュアル作業で苦労していたかがうかがえる。在庫が正確に把握できないため、受注の納期回答も正確に回答できず、出荷遅延を招き、オーダー充足率が低くなっていたことも容易に想像できる。人海戦術で属人的な対応から決別し、正確な情報を基にビジネスをインテリジェントに遂行できるようになったMagic Leap社は、ビジネスオペレーションの成熟度が格段に上がり、MRの技術革新や市場に対するソリューションの提供に、これまで以上に専念できるようになった。

「Magic LeapにおけるSAP製品の導入は、あっという間に我々をインテリジェントエンタープライズへと導いてくれました。柔軟に統合されたシステムによって劇的に効率性が上がりました。我々は世界中にわたってスケーラブルに、迅速かつセキュアにビジネスを遂行する基盤を手に入れたのです」(Landon Cortenbach –VP, Business Engineering, Magic Leap)

ユニコーン企業Magic Leap社の取り組みは、決してスタートアップ企業だけに当てはまるものではない。伝統企業でも、いやむしろ伝統企業だからこその属人的な業務オペレーションを抱えている企業にこそ参考になるはずだ。

2020年前半は、COVID-19により多くの企業がリモートワークを強いられ、そしてこの先もどんな想定外のことが起きるかわからないという知恵がついた。顔を突き合わせて人海戦術に頼る、今までのやり方の不安を抱えたままでいられるだろうか。

ユニコーン企業だからという先入観を外すと、Magic Leap社は、New Normal時代に求められるビジネススタイルとして非常にイメージしやすい。

「生き残る種というのは強いものでもなければ、最も知的なものでもない。唯一生き残るのは、最も変化に適応できる種である」というダーウィンの言葉は、今まさに心に刺さる。

Magic Leap社のようにアナログオペレーションからデジタルオペレーションに、スピード感をもって変化することは、生き残るための必要条件だ。

文:SAPジャパン インダストリー・バリュー・エンジニア **柳浦 健一郎**

05

世界中の顧客のための IoTを使った予知保全

400名で全世界の顧客にサービスを提供するIoT活用。全社的一丸で業務改革を進めたデザインシンキング

PILLER Blowers& Compressors（以降PILLER社）は、ドイツに本社を置く機械製造業。売上は約100億円、従業員は約400名、海外売上比率は85%の中堅企業である。同社が製造するのは大型の送風機で、すべて個別仕様で製造・納入し、顧客のプラントや工場で利用される。顧客の工場では必要不可欠なものであり、故障すると工場全体の生産工程に影響を与える重要な設備機器だ。

そのため、良い状態で稼動させ続けるためのメンテナンスサービスも手を抜くことはできない。それを、従業員400名で世界中の顧客に対してサービスを提供するには、当然のことながらデジタル技術の活用が不可欠だった[3]。

予知保全によるビジネス効果

同社が展開したのは「**デジタル予知保全サービス**」である。その概要は次の5点である。

1.　センサーを通じて納入済み機器の状況を把握

世界中に納品されているセンサーが組み込まれた製品から、インターネットを介してドイツPILLER本社に機器状況（回転数、温度、振動など）が自動送信される。収集されたビッグデータと、これまでのノウハウを融合した機械学習によって、機器故障の可能性を把握する。

2. 異常値検出時は、納入先のお客様とサービス担当者のモバイル端末に連絡

故障の可能性が一定範囲を超えた際は、自動的に納入先の窓口とサービス担当者に連絡が届く。具体的にはサービス担当者のモバイル端末にアラートが表示され、さらにその詳細を把握することができる。

3. 修理部材を即座に手配し修理

関係者に通知が届くとともに、自動でサービスチケットが生成される。このサービスチケットには、顧客との契約内容や納入機器の仕様、センサーのデータをもとに必要な修理サービスの内容や修理部材が自動提案されており、サービス担当者は、迅速に修理するために、提案された情報を使って顧客と修理の日程を調整する。

4. 納入済み機器の状態に即した修理部材の適切な在庫レベル維持

PILLER社では全世界の顧客に納入した機器の状況を把握している。それぞれの機器の故障の発生の可

能性を把握することで、より精緻に修理部材の必要在庫量を割り出すことができる。これにより在庫量を削減するとともに、必要な修理部材を適切な拠点に配置することで修理時間を短縮している。

5. 継続的にサービスや商品に対する顧客満足を把握し改善

修理完了後には、自動的に顧客にアンケートが送られる。その結果は、顧客情報や納入済み機器情報と組み合わせて分析され、修理サービスの改善だけでなく、R&D部門にも展開され、新製品開発にも活用される。

これらによってPILLERは、「納入済み機器の稼動率向上」「問題解決時間20%短縮」「問題分野の特定時間80%短縮」「修理部材の在庫削減」「サービス売上10%向上」といった効果を上げ、顧客満足度もアップしたという。結果として、同社は売上高もアップした。さらにPILLER社では顧客に対するより深い理解をもとに、新たなサービス提供や新しい料金モデル開発にも取り組みをはじめている。

新たな取り組みは、サービス部門だけではなく、R&D部門や営業部門、生産部門なども関わる全社規模での改革と位置づけられる。アプローチに工夫を凝らし、早い段階から様々な部門を巻き込み、「デザインシンキング」の手法を使って、短期間に試行錯誤しながら答えを見出すことにしたのだ。

アイデアを創出して合意形成を進める

デザインシンキングにおいてはペルソナを設定し、そのペルソナの成したいことや悩みなどに共感した上で、改めて将来のPILLER社のサービスのあり方をデザインする。いくつものアイデアを迅速に生み出し、それに優先順位をつけて検証を進めるのだ。

実はPILLER社のCIOであるThomas Henzler氏は、インタビューで、本取り組みを進める前の不安や懸念について以下のように語っている。

「IoTは誇大広告であり信頼できないのでは？」

「デザインシンキング手法で上手くいくか？」

「故障を顧客にEメールで通知するような小さな仕組みが妥当なのではないか……」

しかし、これらは一連のデザインシンキングワークショップを通じて、また変革のアプローチを通じて、自然と払拭されていった。

デザインシンキングワークショップのなかでは、簡易的に試作品を作っていくが、PILLER社では、すぐ形にできるレゴを利用。設定したペルソナにとって有益なものであるか、利用しやすいものであるかをチェック。これらはアイデアを広げていくきっかけにもなる。1カ月後には、技術的な面を考慮して試作模型を作り、技術的な実現性を確認する。これらの工程を通じて、プロジェクトメンバーはアイデアの価値と実現性に興奮し、プロジェクトに関わっていない人に対しても話しはじめる。こうして、徐々に社内に新しい取り組みが浸透していったのだ。

テスト運用は、この試作模型を基にひとつの拠点で数カ月間行う。選んだのは世界で2番目に大きい工場がある中国拠点である。ここで実証実験を行い、微修正を重ね、最終化した。

「アイデアが取り入れられたので、本プロジェクトに関与したメンバーは、とても楽しんでいる。この変化はとても印象的だ」(Thomas Henzler, CIO, PILLER)

新サービスを俯瞰する

PILLER社でのデジタル予知保全サービス構築にあたっては、顧客情報や納入機器情報をSAP C/4HANAで、機器仕様や契約、修理部品とその在庫などがSAP S/4HANAで、納入済み機器のIoTセンサーの情報をSAP Cloud Platformで管理する。複数のアプリケーションから成るスイート構成だ。

予知保全の業務プロセスに沿うと、センサーで故障可能性を検知した際にSAP C/4HANAで自動的にサービスチケットが生成され、SAP S/4HANAの修理部品の引き当てやサービス担当者のモバイル端末に通知する、といった一連の流れをシステムが自動的に処理する。

また、サービス提供後にはQualtricsソリューションから顧客に満足度調査が送られ、その回答結果は顧客情報など各種のデータと組み合わせて分析される。システムがスムーズな業務連携を支えるだけでなく、

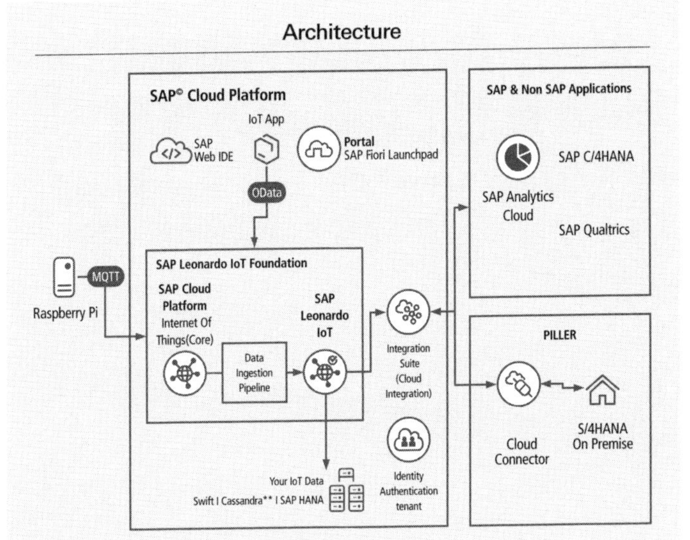

全体を俯瞰した状況把握も可能になっているわけだ。

このような包括的かつ先進的な同社の取り組みの源は、世界中の顧客に“安定したサービス”を提供したいという思いである。従業員400名の中堅企業では人海戦術に頼るわけにはいかず、そんな思いを形にしたのは、IoTやモバイルなど、まさしくデジタル技術である。

真の顧客満足につなげるためには、業務をスムーズに連携する必要があり、その連携したシステムを見事に構築した同社。全社を巻き込む困難なプロジェクトをやりきれたのは、作り手としての心意気と、お客様への強いコミットメントだろう。

文：SAPジャパン センター・オブ・エクセレンス **桃木 継之助**

06

New Normalも柔軟に。大自然での働き方改革

リモート環境化でのITプロジェクト遂行と本番稼働。それを実現させた、「現場完結型」の業務改革とは?

オーストラリアの最南端にあるタスマニア州。

北海道より小さく、九州より少し大きな、タスマニア島を中心とした小さな州だが、自然が多く残りオーストラリアの観光地としても人気のあるところである。タスマニア島は、総面積の3割以上が国立公園や自然保護地域に指定されており、世界遺産に登録されている「タスマニア原生地域」は、まさに自然の宝庫である。

そんな大自然のなかにあるハイドロ・タスマニアは、100年の歴史をもつ水力発電と風力発電の再生可能エネルギー会社だ。

モバイル活用による現場完結型

同社では幅広くSAPのソリューションを使っており、発電所設備保全にもSAPソリューションを活用している。

特にモバイルを活用したSAP Work Managerの導入は、設備検査作業員の効率化を高めるとともに意思決定の迅速化にも貢献している。

大自然のなかに点在する水力発電所では、設備検査作業員が日々の点検を行っている。その日の作業指図をタブレット型端末で確認しながら、どこかに不具合はないか、破損箇所はないか、など設備を丁寧に点検しなければならない。点検はタブレット型端末を使って実施され、結果はその場ですぐに入力される。

必要に応じて見つけた破損箇所を動画や写真で撮影し、点検記録とともに本部にあるエンジニアリング部門に送信する。

受信したエンジニア部門では、各発電所から集まった情報を基に迅速に修繕計画を立て、意思決定に利用する。SAP Work Managerの情報は、SAP EAM（設備保全システム）に連携され、即座に、コストはどれくらいかかるのか、部材の手配状況はどうなのかまで確認ができる。SAP Work Managerの導入前は、作業員は点検作業が終わってからオフィスに戻り、少なくとも毎日1時間はPCの前に座り、1日の点検結果を入力していた。そしてエンジニア部門も、すべての作業員の点検結果の入力が終わらなければ、全体の状況を把握することができなかったのである。

現在は作業員のデスクワークはほとんどなくなり、作業完了とほぼ同時にボタンをタップして1日の作業が終了する。

SAP Work Managerを導入してからは、オフィスに戻る時間やデスクワークの時間を、現場での別の検査作業に割り当てることができるようになった。

タスマニアの大自然のなかで、今日も設備検査作業員は丁寧かつ効率的な点検を続け、島の電力安定供給に貢献している。以下の動画では、作業員がモバイルを使った点検業務の様子を見ることができる。

日本でも、発電、送配電部門のお客様から、整備の品質を確保しつつ、設備保全の効率化を図りたいということをよく耳にする。また、作業指示にはメールや電話が多く使われ、作業後のデスクワークが煩雑という話も多い。すでにモバイルを活用されている企業もあるが、多くが履歴確認や設計書確認など、紙の情報を電子化して閲覧するのみの、閉ざされたシス

Hydro Tasmania：発電設備管理作業員の生産性向上
https://www.youtube.com/watch?v=wQ8uAgGNn3c&feature=emb_title

テムが多いように感じている。

モバイルで登録された情報が、設備保全システム、資材購買システム、財務会計システムまで一元管理・連携し、情報が共有されている仕組みの導入は、従来とは次元の違う価値が得られるはずである。

SAP S/4 HANAプロジェクトの実施

ハイドロ・タスマニアがモバイル導入前に活用していたSAPソリューションは、財務管理、人事管理、設備保全など幅広い領域にわたる。ユーザインタフェースは1000を超え、多くの社員が使う大規模なシステムであったが、ユーザビリティの向上と応答時間の短縮、システムパフォーマンスの向上を目指し、既存のSAP ERPから、よりリアルタイム性が高く、使い勝手のよいユーザインタフェースを持ったSAP S/4 HANAおよびSAP Fioriへの移行を決めた。プロジェクト遂行は10カ月間、2020年6月に稼働というタイトなスケジュールであったが、移行プロジェクトは順調に進んでいった。

しかし、そこに新型コロナウイルスがやってきた。パンデミックの影響を受け、観光地でもあるタスマニア州はオーストラリア国内で初めて州境を閉鎖。3月からはすべてのプロジェクト活動がリモートで行なわれることになった。ちょうど本番稼働までの残り3カ月のタイミングであり、プロジェクトメンバー間の密な連携が必要とされるフェーズであった。しかしハイドロ・タスマニアには、最終テストや本番稼働に向けた様々な準備を、リモートの環境下で推進して計画通りに稼働させるための、これまでに培われた経験がある。対面での情報共有や議論を前提としない、効率化のためのモバイル活用による働き方改革が、まさにどのようにリモートワークを実施したらいいのかということとシンクロした。

プロジェクトチームは、プロジェクトルームが閉鎖となる前に、リモートワークになった場合のリスクを特定して様々な準備を行った。チームメンバーやパートナー企業との良好かつ緊密な協力関係があったこと、リモートワークを支えるために自宅からでもアクセスすることができるシステムやリモートミーティングツールを活用するのはもちろんのこと、対象となるSAP S/4 HANAおよびSAP Fioriの開発環境にもリモートでアクセスしてテスト作業ができたということもあり、この状況を乗り切り、予定通りの本番稼働を迎えることができたのである。

逆境で培った知見と強さ

繰り返しになるが、タスマニア州は、北海道より小さく、九州より少し大きな、タスマニア島を中心とした小さな州であり、島の総面積の3割以上が国立公園や自然保護地域に指定されている。

また、オーストラリア初のカジノがオープンした場所でもあり、オーストラリアのなかでも有数の観光地である。観光への大打撃、医療体制を含む島での限られたインフラリソースという意味で、危機感は日本の沖縄や北海道に似たところもある。

動画で見ていただくとわかるように、現在ハイドロ・タスマニアでモバイルを使っている現場作業員も、その道何十年という年配者が多く、決してデジタルネイティブというわけではない。

しかし、軽やかにデジタルを駆使して、働き方を変えている。そして、このパンデミックの状況においてもプロジェクトをやり切るという姿勢は、限られたリソースをいかに効率的効果的に使うかということを最優先し、「だから、できない」ではなく「どうしたら、できるか」という視点で考えているのではないかと推察できる。

日本の設備産業は多くのリソース、人手と時間とお金をかけて業務品質を維持していた歴史がある。

それは何よりも、安心安全を第一に考えた重要なことである。

しかし、潤沢な人材や予算が投資できる時代がいつまでも続くわけではない。かといって、業務品質を落とし、安心安全を脅かすこともできない。安心安全を守るために、「だから、できない」と考えがちであるが、限られたリソースのなかで工夫するハイドロ・タスマニアのように、安心安全を確保しながらも「どうしたら、できるか」を積極的に考える時代にきているのだろう。

文：SAPジャパン インダストリー・バリュー・エンジニア **田積 まどか**

07

自らの変革経験が、顧客にとっての最高の道標

デジタルのエキスパートたるには、何をなすべきか？
原価分析や業務標準化の率先垂範は、顧客への誠意

世界でBig4と呼ばれるコンサルティングファームのひとつであるデロイト。デロイトアフリカは、アフリカ全土をカバーする子会社として、南アフリカ共和国に本拠地を置いている。28カ所のオフィスと7,000名あまりの社員によって、会計監査と税務サービス、コンサルティングおよびITサービスを地域17カ国に提供している。

アフリカ大陸という、エマージングマーケットを顧客として、同社は急成長を続ける。企業として定めたビジョンは“Making an impact that matters”。成長する企業を支え、顧客とともに飛躍する強い意志を示し、顧客をコンサルティングによってリードしている。

人的資本を活用するビジネス

同社は、自社の事業の可視性と効率性を高める検討をして、将来にわたって継続的なイノベーションを実現し、進化し続ける企業になることを期して改革を進めた。

エンタプライズITマーケットは今まさに成長して

おり、顧客の要望も多岐にわたるものになっている。コンサルティング業界としては、投資をして事業を拡大するべきときである。しかし、コンサルティングファームの業務そのものは、依然として労働集約的であり、製造業や小売業のように業務の標準化や自動化に向けた変革が進んでいるとは言い難い。さらに、先進国ではじまった人材の枯渇は世界に広がっており、どのファームも必要な人材を思うように雇用することができなくなってきている。だからこそ業務プロセスを改善し、デジタルサービスを活用することで、ひとりあたりの生産性向上を図ることが必須であると考えた。同社は、社内の様々な業務プロセスの分断と成熟度の低いオペレーションに課題があり、それらの解消のために、現地の言葉で"One"を意味するMOJAという改革プロジェクトを開始した[4]。

「その場その場の標準化されないビジネスプロセス」「複数バージョンが混乱する低いデータ品質」「マニュアル作業によるレポートデータ作成プロセス」「ビジネスをデジタルで変革する能力の欠如」「従業員の低い作業エクスペリエンス」

これらの課題を、業務のデジタル活用による標準化・自動化を進めることで解決し、高度な業務効率を実現し、迅速な戦略的意志決定による生産性向上を目指したのだ。

今後、クラウドシステムは順次AI化が進み、さらに機能が増えてゆく。その進化を最大限に活用するためには、頻繁なアップグレードを想定しなければならない。そのアップグレードの効果を最大限に享受するため、複数のクラウドソリューションの連携をAPIによる疎結合で実現し、それぞれのアプリケーションのバージョンに依存しないアーキテクチャを採択。このIT環境での改革実現のために、業務面については、SAPのクラウドソリューションのベストプラクティスに合わせてビジネスプロセスを標準化することからはじめ、当初のプロジェクトで次のことを実現した。

- 財務、プロジェクト管理、人事に加え、End to Endの調達～支払・受注～収納までのプロセスをSAP S/4HANA Cloudに合わせて標準化
- 経費処理、従業員管理などその他の業務プロセスの自動化
- 旧来のCRMシステムとクライアントマスターデータの統合
- 全社データの統合化と利用促進、およびユーザエクスペリエンスの向上
- 全社事業の包括的なレポートを幹部に定期配信

業務標準化といっても、従来の業務を否定してクラウドソリューションに合わせたわけではない。同社は、業務の継続性を担保するため、現在の業務プロセスやシステムの一部をSAP Cloud Platform上に移植し、従来の業務を担保した上で改革を進めた。ここでもAPIを定義することで、前述の相互依存性の低いアプリケーション環境を構築している。また、アジャイル開発を推進することで、およそ1年でほぼすべてのシステム導入と業務標準化を完了した。

共同イノベーションによるさらなる改革

同社はその上でSAPと共同イノベーションの契約を結び、業務のあるべき方向への改革を同時にはじめた。コンサルティングファームにとっての事業プロセスで最も重要なのは、顧客の要望に対して適切なプロジェクトを計画し、最適なリソースを割り当て、確実にプロジェクトを完遂することである。そのためには、コンサルタントが行う業務の最小単位を明確に定義し、記録し、再現性をもって提供できるようにする必要がある。今すぐには実現できずとも、コンサルタントやエンジニアの行う知的生産業務の原価管理が確実にできるようになれば、顧客の要望に対して即座に見積もりを提案することができ、同時に、あらかじめプロジェクトのリスクを列挙できるようになる。また、会社全体から見たリスクの大きさや、収益の伸びなどを予測できるようになるであろう。同社とSAPが目指したのは、こうした賢い企業：インテリジェントエンタープライズである。

同社とSAPはコンサルティング業界のバリューチェーンを描き、含まれる個々のビジネスプロセスを取り上げ、AIや機械学習の活用を企画し、さらなる業務効率性の向上を目指している。同社は当初目指した生産性向上だけでなく、中長期的な課題のロードマップを策定し、それに基づく開発計画で継続的な改革をはじめている。

顧客に向けた自社変革の経験

CFOのジェーン・マクドナルドは、SAP Industry Forum 2020でのインタビューにおいて、デジタルトランスフォーメーションを企画・検討するすべての企業に下記の5点をアドバイスしている。

1.　ビジネス起点でのプロジェクト

ITプロジェクトは、導入が終わったところで目的が達成されたかに見えるが、ビジネスの成果はその後のこと。プロジェクトは、ビジネスで達成すべき目標をゴールに設定して計画すべきである。

2.　信頼できるシステムインテグレーターの存在

大きなプロジェクトを実施するにあたって、信頼できるパートナーは必要。デロイトアフリカは、自社でもトップクラスのコンサルティングリソースを用いて、プロジェクトを実現することで成功を得た。

3.　データへの投資

デジタルトランスフォーメーションの起点はデータである。データの整理・クレンジングに投資を惜しまず、「ひとつの真実」としてのデータ利用が進むようにするべきである。

4.　ソフトウェアソリューションへのビジネスプロセスの適応

業務プロセスをソフトウェアソリューションに合わせることで、今後のクラウドソリューションの進化によるビジネスイノベーションの成果を得られる。

5.　変革に対するマインドの切り替え

意味のある変革にするためには、従来の考え方を大きく変えることが必須。ビジネス起点でのプロジェクトの成功のためには、マインドセットの切り替えが重要。

この事例について、「意識が高すぎて、とてもついて行けない」という声もある。しかし、マインドセットを変えなければ意味のある改革にはならず、やり遂げた事実もあるのだ。デジタル変革の支援を提供する企業は、是非、自らの変革の経験を顧客へのサービスに活かすスタイルを意識していただきたい。

また、顧客企業は、自社の変革パートナーとしてのコンサルティング会社を選ぶ際には、その会社が達成している変革から習熟度を測ること。

そこに大いなる意味があるだろう。

文：SAPジャパン インダストリー・バリュー・エンジニア **久松 正和**

SAP S/4HANA Cloud デロイトアフリカのインテリジェントシナリオ
https://youtu.be/WU6b7i_tbqY

第3章

「透明性」という企業価値

Prologue

自社が装着したデバイスから得られるデジタルデータを活用した経営を進めることで、業界を超えて模範となっている企業が輝いている。

言わずもがなだが、「ヒト・モノ・カネ」、これら企業活動における経営資源である情報を正確に把握することは、そのこと自体が目的ではなく、ユーザが次の行動を決めるために使うものだ。

ロジスティクス領域ではお客様の信頼に応えるために、生産領域では社員の安全のために、財務領域では財務指標のみならず非財務指標活用による経営の革新のために、経営企画領域では迅速な業績判断のために、人事領域ではエクスペリエンスを通じた人材の育成と従業員の働き甲斐のために、購買領域ではコスト削減の身ならずコンプライアンスの担保や強化のために。

様々な業務領域でリアルデータを必要とする人々がいて、彼らの判断が企業価値となる。そのような企業はしばしば「データドリブン企業」と呼ばれるが、企業を輝かせるのはデータではない。人が企業を輝かせる。

何よりも、人が輝いている。

あなたの企業が装着しているデバイスは、この不確実な時代を生き抜くための判断をする人々の役に立っているだろうか。その人々は輝いているだろうか。

01

企業使命に根差した顧客利便性の飽くなき追求

「がんばれ!! 日本のモノづくり」。トラスコ中山独自の、プロツール供給体制はどう作られるか

トラスコ中山(以下、トラスコ)は、工具や屋外作業現場用機具など日本のモノづくりを支えるプロツール(工場用副資材)の専門卸商社である。「がんばれ!! 日本のモノづくり」「問屋を極める、究める」を指針として顧客利便性を徹底的に追求している同社だが、その最大の特長は、商品の充実と即納体制。取り扱いアイテム数は239万、在庫点数は42万におよび、全国17の物流センターと5つのストックセンター、31の在庫保有支店から販売店を通じて、全国各地のモノづくりの現場へとプロツールを届ける。"在庫は成長のエネルギー"として、他社が扱わない商品を積極的に取り扱うとともに、在庫の充実を図り、必要とされる商品を最小ロットでも即納することで顧客の利便性を高めている。

同社が重視する指標に「在庫ヒット率」がある。注文に対してどれだけ在庫から出荷(ヒット)できたかを表すものだが、取り扱いアイテム数から考えると、91.1%という驚異的な数字を誇っている。工場や建設現場で、"必要なものを必要なときに必要なだけ入手できる"ということは、生産性の向上を意味する。同

社のエンドユーザは100万社以上にもおよんでおり、まさに「日本のモノづくり」を支えているのである。

テクノロジーを活用した取り組み

トラスコは、顧客利便性向上のための様々な取り組みを全方位的に実施している。同社取締役、経営管理本部長兼デジタル戦略本部長・数見篤氏は、「問屋を究めるためには、人対人ではなく、最新のテクノロジーを活用して、高い利便性を提供できる仕組みが必要です」と語る。では実際どのように最新テクノロジーを活用し、顧客利便性を向上させているのか、その代表的な取り組みをいくつか紹介したい。

【見積自動化】ビッグデータとAIを活用したダイナミックプライシング

同社では一日あたり約5万行の見積依頼を受けている。EDIを活用する一方、電話やFAXなどでの問い合わせも多い状態であった。電話やFAXの場合には、トラスコ各支店の担当者が手作業で価格・納期を計算しFAXやメールで回答を行うことになるが、それでは顧客への回答に時間を要してしまう。そこで見積依頼の受付をECサイトであるオレンジブック.Comへ集中化。併せて、AI技術と過去取引のビッグデータを活用し、最適な価格と納期を自動算出する機能をクラウド上に開発した。顧客からのコメントを自然言語解析し、判断を行う機能も実装。これにより、数時間から1日ほどかかっていた見積回答を数秒から数分にて回答することが可能となり、見積回答のスピードと正確性を向上させている。

【ポラリオ】仕入先連携プラットフォーム

同社は、2622社もの仕入先メーカーと取引を行う。これも、やり取りの中心は電話やFAXだったが、コミュニケーションを一元化・円滑化するためのプラットフォームとして、クラウド上に仕入先WEBポータルサイト「ポラリオ」を開発。ポラリオでは見積や注文のやりとりを一覧化しオペレーションすることが可能で、取引状況もリアルタイムで確認することができる。ビジネスパートナーである仕入先に無償で利用してもらうことで、同社だけでなくサプライチェーン全体での業務スピード向上と業務効率化を進めている。仕入先観点では、自社で独自の仕組みを作る必要がなくなることによるIT投資抑制に繋がっている。

【T-Rate(トレイト)】顧客とのリアルタイムコミュニケーション

従来、同社では、顧客からの様々な照会への対応に時間を要していた。電話やFAXなどでの問い合わせ内容は蓄積されず、改善に活かされていない点も課題だった。そこで同社はアナログ中心のコミュニケーションからデジタルを活用したコミュニケーションへと舵を取る。顧客へのタイムリーな対応とさらなる改善を目指し、「T-Rate(トレイト)」と名付けられたモバイルアプリケーションを開発し、顧客である販売店へ展開。チャット機能や、トラック配送状況が地図上でひと目でわかる機能を包含するこのアプリにより、リアルタイムコミュニケーションが実現され、問い合わせ時間の短縮とともに、蓄積されたデータ活用によるさらなる機能強化を進めている。

【AIオレンジレスキュー】専門性が必要となる商品検索をAIでサポート

専門性が高いプロツールの世界では、商品名や型番がわからない場合、複数のWebサイトで検索したり、有識者へ都度問い合せしたりと、ほしいもの、必要なものを見つけるために多くの時間と労力を要していた。そこで同社は、この課題に対し、チャットボット機能や音声認識機能を含んだ「AIオレンジレスキュー」の実現に取り組む。モノづくり現場で求められる商品の専門性をAIがサポートし、希望の商品をすぐに探すことができるようになるこの機能は、ECサイトである「オレンジブック.Com」と融合され、商品検索時間の短縮に大きく寄与している。

【MROストッカー】必要なものがすでにそこにある、究極のクイックデリバリー

“富山の置き薬”と同様の発想で実現されたMROストッカー。高い頻度で利用されるプロツールをあらかじめ現場に設置された棚に取り揃える。ユーザはそこから利用した分をモバイルアプリに入力し、支払いが行われる。ユーザはプロツールを在庫として保有することなく、必要なときに必要なだけ利用できる。この利便性は圧倒的な魅力といえる。的確な需要予測と利用状況の正確な把握、タイムリーな物流が必要となるこのサービスでも、モバイルやクラウドといったデジタルテクノロジーが活用されている。

変革を生み出す企業文化

このように同社は、企業使命に根差した顧客利便性の追求を行い、成長を続けている。特に注目したいのはデジタルテクノロジーを活用しデータドリブン経営を実現している点だ。同社にとっての資産ともいえるビッグデータ、その分析を積み重ね次のアクションを生み出し改善やイノベーションに繋げていく。

この姿は、顧客やビジネスパートナーのみならず、社会・マーケットでも高く評価され、経済産業省と東京証券取引所が共同で選定を行うデジタルトランスフォーメーション銘柄において「DXグランプリ2020」

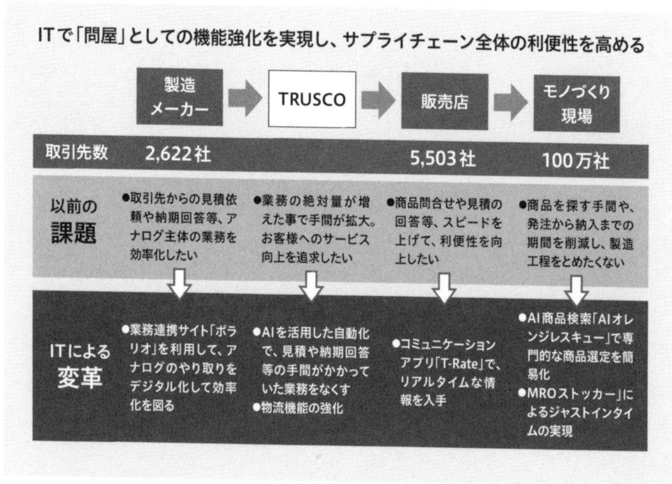

も獲得している。ただ、言うは易く行うは難い、この変革力はどこからくるのか。同社は、行動理念のひとつとして次のように掲げている。「信念をもってダイナミックな行動」。多くのトラスコ社員と触れ合ってしみじみと感じるのは、トラスコ社員にとって、この理念が血肉となっているということだ。文化は人が作るものだが、理念に基づいた社員の行動が企業文化を育み成熟させ、変革に挑戦、実現する力を生み出しているのではないだろうか。

「がんばれ‼日本のモノづくり」という企業メッセージ、「問屋を極める、究める」という企業指針、そして、それを実現すべく一丸となって邁進する姿。

ビジネスパーソンに限らず、あらゆる人々が、トラスコ中山の取り組みから数多くの示唆を得られるはずだ。

文：日本アイ・ビー・エム株式会社 パートナー **佐藤 俊**

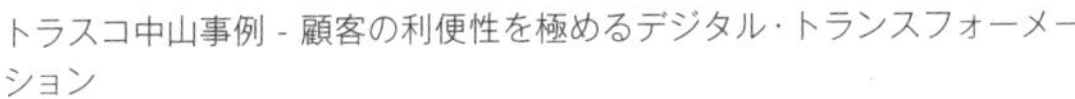
トラスコ中山事例 - 顧客の利便性を極めるデジタル・トランスフォーメーション
https://www.youtube.com/watch?v=MwKM8LEgPVI

02

痛みを知る資源大国の企業が、未来に取り組む方法

ロシアは資源大国であるがゆえの痛みを経験してきた。彼らはどのように痛みを克服し、未来へ取り組むのか？

リペックという名の町がある。1703年、帝政ロシアのピョートル大帝は、鉄鉱石の鉱床に近いこの町に、砲弾を作る鋳物工場を作るように命じた。その後、リペックは冶金・金属工業・機械製造によって発展してきた。現在、コンビナートが立ち並ぶこの町には、ロシア最大の鉄鋼企業であるノヴォリペック・スチール（NLMK）の本社がある。

粗鋼生産能力は年間17MT以上を誇り、鉄鋼企業としての収益性は世界のトップランクに位置する（2019年実績 EBITA26億ドル；マージン24%）。

NLMKは垂直統合型のビジネスモデルを作り上げる。採掘と製鋼をロシアの低コスト地域で行い、完成品を顧客に近い場所で加工販売。これにより、生産とロジスティクス・コストを最小限に抑えながら、市場変化に迅速・柔軟に対応することが可能だ。

彼らの中期戦略を見ると、収益に繋がる運用効率向上、低コスト化、販売ポートフォリオ拡大が最初に記載されている。

【ストラテジー2022の目標】

- 運用効率におけるリーダーシップ

- コストが低い鉄鋼生産の拡大
- 世界の販売ポートフォリオ拡大
- サステナビリティと安全におけるリーダーシップ

(出典：NLMKホームページ)

戦略の最後に並ぶのは、非財務であるサステナビリティと安全だ。実は同社は、環境と安全衛生(EHS：Environment, Health & Safety)に関して、世界で最も先進的な製鋼会社のひとつである。2014年から開始されたNLMKの「環境プログラム」では、これまでに14.6億USドルを投資した。また、従業員の安全衛生では、LTIFR(Lost Time Injury Frequency Rate：100万時間あたりの休業災害頻度率)を2023年までに0.5にすることを公約としている(2019年の鉄鋼業界平均は0.83)。

NLMKが環境と労働衛生に力を入れることには理由がある。豊富な金属資源を持つロシア(2018年　鉄鉱石生産量世界5位)[1]は、むしろその事実によって多くの痛みを経験してきた。一例をあげるならば、北極海に面するノリリスクだ。

世界最大のニッケル鉱床を有するこの町に1935年

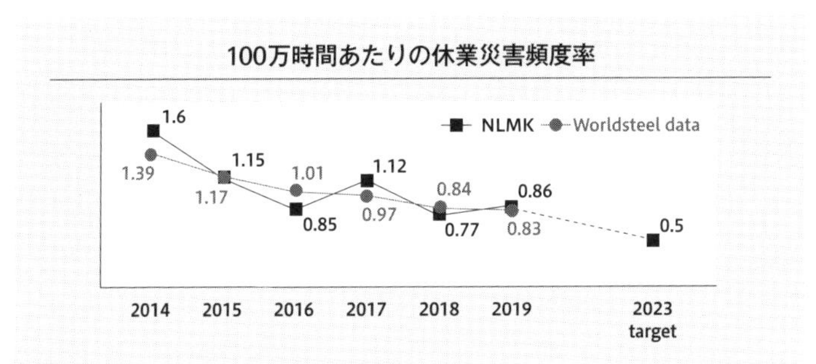

に建設された製錬コンビナートは、旧ソ連強制収容所の強制労働で操業され、多くの危険を伴っていた。また、製錬による酸性雨や水質汚染はツンドラの大地を数十年にわたり焼きつづけ、今も汚染改善の目途はたっていない。現在、ノリリスクの企業と従業員をつなぐものは、国内有数の高給のみである。NLMKは国内の負の歴史から学び、業界のリーダーとして持続可能な開発を行うことを目指している。

労働者の安全を守るイノベーション

2017年の初頭、NLMKとSAPは共同でイノベーションラボを設立した。目標は最先端のデジタル技術を使用して、ビジネスの競争力を高める革新的なアイデアを探すことだ。その最初のプロジェクトとなったのが、従業員の安全を守るためのポジショニングシステムであった。

ラボでは、SAPがグローバルの専門知識、デジタル技術、デザインシンキングやアジャイルといった開発方法を提供し、NLMKの製鋼管理の専門性と組み合わせる。アプリケーション開発とIoTのプラットフォームは、SAP Cloud Platformを採用した。プロトタイプ・ソリューションはわずか2カ月で開発され、NLMKの連続溶融亜鉛メッキプラントでテストが行われた。

このプラントは、鋼材の錆や腐食を防ぐために亜鉛メッキを施すためのものである。高温の化学液槽や溶融亜鉛槽の周囲を回廊が取り巻いており、可視性が低く危険性が高い。NLMKとSAPのソリューションは、このプラントに透過性を与えた。仕組みを説明しよう。従業員は、業務開始時にセンサータグを体に装着する。従業員が移動すると、3Dデジタル化されたユニット上に表示され、コントロールセンターでリアルタイムに把握することができる。もし、従業員がセキュリティー許可されていないエリアや、危険エリアに入ると、従業員とセンターに自動的に通知される。

さらに、このソリューションにより、以下のような安全管理を行うことが可能となる。マネジャーは、プラント内のあらゆる事故の可能性を見通し、迅速に対応することが可能だ。

- 温度上昇などの異常事態を自動検出して通知
- 体調不良の従業員がセンサーのボタンを押すことで支援を要請
- 従業員の姿勢変化(転倒や転落)を自動的検出して通知
- 全従業員の行動を1つのダッシュボードにリアルタイムに表示
- ダッシュボードの監視対象イベントをカスタマイズ

NLMKのIT担当ヴァイス・プレジデントであるエレナ・デミヤノヴァは次のように述べている。

「従業員ポジショニングシステムは、大量データの分析に役立つだけではありません。作業中の事故を防ぎ、安全上のリスクを軽減し、運用効率を向上させることができます。これによって、グループ内での期待が高まっています」

企業の未来をも見通す

NLMKがデジタルで見通すものは、プラントの状況だけではない。彼らはさらに、自社の未来を見通すためにデジタル技術を活用する。NLMK-SAP Coイノベーションラボでは、予測メンテナンスシステムを作り上げた。高炉へ酸素を送る装置（羽口）は交換時期を誤ると破損し、計画外の停止に繋がってしまう。SAP Predictive Analyticsの機械学習を利用したこのシステムで、羽口の交換時期を正確に予想する。ダウンタイムの短縮により、高炉の生産性は約20%向上する見込みだという。

また、NLMKのグループ鉱業企業であるStoilensky GOKに導入された鉱山シミュレーションシステムは、さらに未来を見通す。露天掘り鉱山全体を3Dデジタル化し、地質データと統合したこのシステムでは、なんと40年先までの最適な鉱山開発計画をシミュレーションすることが可能だ。最小コストと最大の効率で、採掘を進めることを目的としている[2]。

裏返すと、NLMKはひとつの鉱山で、少なくとも40年先まで持続する活動を考えている。その企業活動を持続するためには、未来を共に作る優秀な人材が必要だ。彼らのEHSへの取り組みは、従業員に誇りと安心を与え、人材の確保に役立っている。

痛みを乗り越えて未来へ向かうために

ロシアは多くの資源を持つがゆえに、人々が環境汚染や危険を伴う作業に苦しんできた。それゆえNLMKは、世界でも先進的なEHSへの取り組みを進める。資源を多く有していても、地球と共存し、安全に利用できなければ、持続する価値を生み出せないことを知っているからだ。そして、彼らがEHSに取り組む手段として利用したものは、SAPのソリューションが提供する「デジタルによる透明性」であった。

資源を掘り起こし、加工する金属業界の環境負荷や労働者の危険性は、他の業界に比べて高い。しかし、世界が成長を続けるためには、これからも持続的な金属生産が必要だ。「地球と共存し、従業員を無事に家へ帰す」ことを約束するNLMKには、誇りをもった人々が今日も集い、安心して能力を発揮している。

文：SAPジャパン インダストリー・バリュー・エンジニア **東 良太**

SAP Cloud Platform が実現したNLMKの従業員ポジショニングシステム
https://www.youtube.com/watch?v=X7FETttT5ZM&t

03

ESGの見えざる価値を、経営に資する価値に

ESGの取り組みは企業価値創造に結びつくのか？ この難題に立ち向かい、関連性を解き明かす

ESG（環境、社会、ガバナンス）の重要性は次第に高まり、ステークホルダーが企業の価値を測るモノサシとして活用している。しかしながら、日本企業に対するESG評価は諸外国に比べて高いとは言い難い。古くからESG発想・価値観が根づいているはずの日本企業が、なぜESG評価の取得で苦戦しているのだろうか。鍵は、「ESGと企業価値創造の関係性」である。

これまで企業価値は当たり前のように財務諸表から判断されてきた。しかし近年、企業価値に対する会計数値での説明能力は低下している[3]との見解が発表されている。これに類するように、企業価値は会計上の財務資本と「見えない価値」である非財務資本で成立している[4]との見解も発表され、特に「見えない価値」の重要性は日増しに高まってきた。つまり、財務諸表に表れる利益や資本などよりも、無形資産の価値が評価される[5]ようになってきており、この「見えない価値」（非財務資本・無形資産）の代表的な要素としてESGが位置づけられているのだ。この「目に見えないESGの価値」を顕在化させ、企業価値創造との関係性を明らかにすることが、日本企業のESG評価、ま

た企業価値そのものの向上には必要不可欠である。

一方で、この「見えない価値」をどのように定義、把握し、外部開示をすべきか、その画一的な手法は存在していない。この難題に対して、エーザイ株式会社専務執行役CFOであり早稲田大学大学院客員教授である柳良平氏が取り組みを進め、理論の構築や実務での実証を成し遂げた。そしてその過程では「データ分析」が大きなポイントとなっており、アビームコンサルティング株式会社がその支援を担っている。以降ではこの取り組み事例について紹介する。

ESGの価値を顕在化させる4つのポイント

ESGの価値を顕在化させるには、次の4つのポイントが必要だと柳氏は言う。①ESGと企業価値の関係性を示すフレームワークの提示、②実証研究のエビデンス、③統合報告書での事例開示、④投資家とのエンゲージメントの蓄積である。

本章では①②について取り上げるが、①についてエーザイでは、非財務資本とエクイティ・スプレッドの価値関連性モデルを開示している[6]。

企業価値(PBR)は会計上の価値である純資産(PBR1倍までの部分)と「見えない価値」である非財務資本(PBR1倍以上の部分)で成立しており、ESGの取り組みにより株主資本コストの減少や持続的成長率の向上を生み出すことで、将来的にPBRを高める関係性があることを示している。ESGが企業価値を高めること

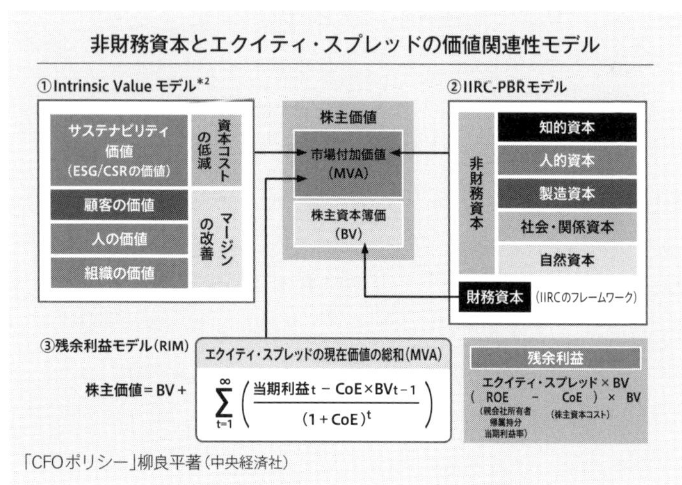

「CFOポリシー」柳良平著（中央経済社）

を理論的に説明したモデルである。

そしてこのモデルの実証こそが、②の実証研究のエビデンスを指す。このためには「データ分析」が必要であり、そこで着目したのがアビームコンサルティングの「Digital ESG」サービスだ。

エーザイでの見えない価値の顕在化

同社は2019年6〜8月にかけて、Digital ESG Data AnalyticsによるESGのKPIとPBRの相関関係の分析を実施した。ESGと関わりのあるKPIとして、CO_2排出量、女性管理職比率、人件費、研究開発費、障がい者雇用率など約100種類を抽出、それらを平均で10年間遡ってデータを収集し、約1,000件超の説明変数を確保した。さらにESGの取り組みは中長期的に企業価値創造に効果を及ぼすという遅延浸透効果も考慮して10年分の期ずれを折り込み、約1万件のデータを活用し「柳モデル」による重回帰分析[7]を実行。その結果、統計学的に信頼性が高く、PBRと正の関係を示す要素を約20種得ることができた。

具体的には、女性管理職比率、育児休暇や時短の取得率、健康診断の受診比率など、人を大切にする指標が価値創造に結びつくことが多数客観的に示された。加えて「女性管理職比率を10%高めると、7年後にPBRが2.4%上がる」「人件費を10%高めると、5年後にPBRが13.8%上がる」という定量的な遅延浸透効果も示された。また同社のPurposeである「患者様貢献」の源である研究開発費においては「研究開発投資を1割増やすと10年超でPBRが8.2%上がる」という結果も得られた[8]。

ESGの取り組みは中長期的なスパンで見るべきで、足元で女性管理職比率や人件費、研究開発費を高め

エーザイのESGと企業価値の実証実験

感応度分析（信頼区間95%における平均値試算）

- 人件費投入を1割増やすと5年後のPBRが13.8%向上する
- 研究開発投資を1割増やすと10年超でPBRが8.2%拡大する
- 女性管理職比率を1割改善（例：8%から8.8%）すると7年後のPBRが2.4%上がる
- 育児時短勤務制度利用者を1割増やすと9年後のPBRが3.3%向上する

↓

エーザイのESGがKPIが各々5～10年の遅延浸透効果で
企業価値500億円から3,000億円レベルを創造することを示唆

出典：モデル：「CFOポリシー」柳良平著（中央経済社）
分析実行：アビームコンサルティング株式会社、Digital ESG

たことが、すぐに企業価値創造に繋がるわけでなはないが、この分析からはそれらが数年の期間を経て、確実に企業価値創造に寄与することを解明している。

Digital ESG Data Analysis & Cockpit

同社保有のデータを活用し、「柳モデル」によるESGと企業価値(PBR)の相関性分析を実現したのが、アビームコンサルティングのDigital ESG Data Analyticsである。同社は「Digital ESG経営」、つまり企業自身が「目に見えない価値」を把握、顕在化、活用する経営管理が必要とのコンセプトを掲げており、ESGデータの活用は必須要件だと捉えている。「Digital ESG経営」では、ESGデータを収集する「Data Connection」、ESGと企業価値創造との関係性をデータから分析する「Data Analytics」、ESGデータと分析結果を確認できる「Cockpit」という3つのコアコンテンツを掲げている。

エーザイにおける実証研究では、まずはData Analyticsを活用した。大量のESGデータを対象に「柳モデル」実証に向けたデータ分析処理を実行している。ESGと企業価値創造との関係性を、短時間で、定量的に、保全性を担保しながら解明することを実現しているのが、このData Analyticsだ。また同社ではCockpitも活用した新しいESG経営の形を具現化している。人的資本に関わる様々なESGのKPIと、PBR以外も含む財務KPIを常にモニタリングできるようダッシュボード化までも実現した。

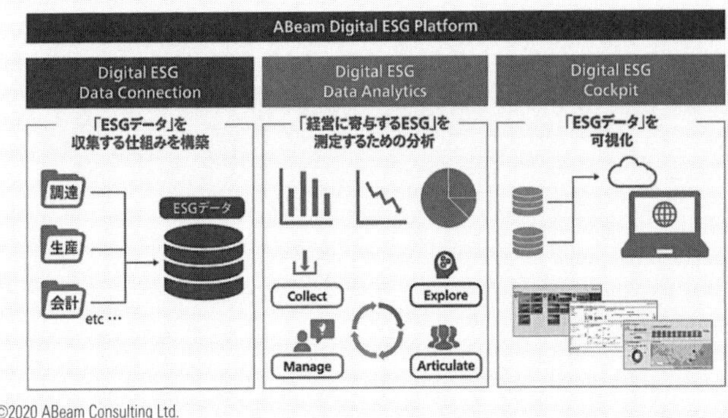

©2020 ABeam Consulting Ltd.

非財務情報を活用した新しい経営管理の姿は、このように実現されつつある。エーザイが解明した「ESGの見えざる価値」に対しては、国内外の著名なESG投資家各位が賛同を表明しており、ステークホルダーエンゲージメントのさらなる活性化、企業価値評価の向上などを達成している。

また今回の結果は「ヒューマン・ヘルスケア」として掲げる理念に基づいた事業活動こそが企業価値創造に結びついていることを証明しており、この企業理念を社員や株主と共有する際の新たな裏付けとなっている。ITを通したデータ分析により、患者様満足の増大というエーザイの使命の達成をさらに推進する力を得た。これこそが、ESGの見えざる価値を経営に資する価値に昇華させた事例であり、真の意味でのデジタルトランスフォーメーションではないだろうか。

文：アビームコンサルティング株式会社 シニアマネジャー **今野 愛美**

04

データ・ドリブン経営高度化。先へと進む戦略的オプション

意思決定の早さと地力が可能にした選択。
蓄積されたデータを分析してビジネスを次のステージへ

世界的な化粧品ブランドを数多く持つロレアル社は、分散した基幹システムとサプライチェーンの計画システムからデータを収集し分析する基盤を、IBMの支援のもと、わずか6週間での構築を実現した。その秘訣を紐解く。

世界150カ国に展開するロレアル社

ロレアル社は、多様性を尊重する世界中の女性と男性への化粧品の革新を通じて最高のものを提供することを使命として、1世紀以上にわたり、「美」というひとつのビジネスのみに集中してきた化粧品業界のトップ企業である。

> 「美は言語です。
> 美しさは普遍的です。
> 美は科学です。
> 美はコミットメントです。
> ロレアルは、すべての人に美しさを提供します」
>
> (出典:ロレアル社ホームページ)

ロレアル社にとって「美」とは言語であり、すべての女性にも男性にも無限の多様性をもつ美しさを提供する普遍的なものであり、科学であり、幸福を向上させるものだ。

150カ国の市場において、それぞれの特性やニーズを把握し、数十を超えるブランドポートフォリオから、ベストなブランドミックスを決定し市場に参入する手法は、自社ブランド間での競争を最小化し、ロレアル社のブランド全体の収益を最大化してきたものとして高く評価される。

それらの意思決定の基礎となる情報は、もともと数十にもなる基幹システムなどに分散していた。その状態でも、グローバル全体でデータ収集したときの分析を可能にするため、以前より必要なマスタデータは厳密に管理されてきた。

しかしながら、近年の激しい市場変化のなかでデータを収集してから分析するまでにかかる時間、また、収集したデータが一定のレベルで集約されてしまって詳細な分析ができにくい状況などがリスクとなってきたことから、彼らはデータ分析基盤の刷新プロジェクトを立ち上げた[9]。

ロレアル社のチャレンジ

検証すると、20を超えるSAP ERP基幹システムと3つのSAP APOサプライチェーン計画システムのそれぞれでオペレーショナルなデータが「ロック（それぞれのシステムに閉じ込められた状態)」され、グローバルで利用できるオペレーショナルなビジネス・ビューが簡単に作れないことによって、戦略的なビジネスの意思決定がやりにくい状態となっているという課題が発生していた。

しかし、トランザクションデータを素早く分析し理解することは、インテリジェント・データ・ドリブンな企業になるために不可欠なことなのである。

【ソリューション】

すべてアジャイル手法で統合されたITとビジネスの多くの領域の専門知識を持つメンバーを集めたプロジェクトチームを発足

- 最先端のハイブリッドモデリングとリアルタイムレプリケーション(データ複製)を備えた分析プラットフォーム
- 既製のクラウドコンポーネントの利用、迅速な開発と展開・運用のためのDevOps(開発と運用の一体化)
- ユースケースとビジネス価値を重視したアプローチ

【3つの成果】

4つのユースケースを開発し、最速で展開することができた。ユースケースと調和され、再利用可能なオペレーショナルデータが絶えず蓄積されていき、新しいプロセスマイニング機能により、可視化され実用的なアクションを促すことができる仕組みである。
その成果は次のようになる。

①成果1／15倍に

20を超えるSAP ERPと3つのSAP APOシステムに接続し、データを抽出しデータプラットフォームにコピーするスピードが従来の15倍に

②成果2／5分30秒に

開発した変更を本番可能前の検証環境へ移送することに要する時間は5分30秒

③成果3／2週間未満

最初のSAPデータのプロセスマイニング・パイロットを展開するのに要した期間は2週間未満

【ユーザの声】

「我々は初めてサービスレベルを測定することが、すべての地域でリアルタイムにできるようになった。データを集めることに労力を注ぐのでなく、プロセス改善に焦点を当てるができるようになった」

(エルベ L.H. グループカスタマーケアディレクター)

「驚くべきことはこれらのことをたった6週間未満で達成できたことだ！」

(アマンディン F. グループ会計基準＆プロジェクト)

「アジャイル手法のおかげでプロジェクトのスポンサーたちはプロジェクトの成果と挑戦について明確な視点を持つことができています」

(エレーヌ D. グループファイナンスプロジェクト＆チェンジディレクター)

短期間で大きな成果を産み出せた理由

ロレアル社のプロジェクトがアジャイルな手法を活用し、最初から短期間で成果を出すことを狙っていたのは間違いないところだが、実はこの成功にはロレアル社ならではふたつの要因が考えられる。

1. 分散したSAP ERP環境下でもグローバルで標準化されたプロセスにより処理されたトランザクションデータ

ユーザの声にあった「サービスレベルを測定する」ためにプロセスマイニングのツールを導入している。SAPシステムの業務プロセスはいくつものトランザクションが連携して処理されていくものだが、例えば注文を受けて販売し売掛管理から資金回収するまで(Order to Cash)の、すべての段階のトランザクションデータには「いつ(時間)」「だれが(ユーザ)」「何を(処理内容)」したのかということが記録されている。毎日、何万件、何十万件と発生するトランザクションデータを業務プロセスの効率を図るために分析し、「プロセス改善」の領域をデータ分析の結果から特定することができる。

2. グローバルで長年管理されてきたマスタデータの定義

SAPシステムのトランザクションを形づくる基本的なマスタでいえば、会計の勘定コード表、製品や原材料の品目マスタ、顧客マスタなど。これらが一定のレベルでグローバルのチームが理解できる、共通化された属性情報がないと、ビジネス・プロセスやビジネス特性として正しく理解できないであろう。グループ全体のシステム環境が複数であっても、強固なデータ・ガバナンスによって長年にわたってのマスタデータ定義を維持してきた彼らには、それができていたが故の、短期間の成果といえる。

基幹システムに入力されたトランザクション―実績データ―は単なる過去のデータではない。SAPソリューションが提供するデータの標準化・プロセスの標準化の基盤を利用することは、このデータという資産を今後に役立つインフォメーションとして活用するために効果的であり、インフォメーション・ドリブン・エンタープライズを目指すために不可欠である。

グローバルマネジメント基盤構築では常にERP環境の統合の議論がある。この取り組みは、経営側が、**グローバル標準で何をどう管理したいのかの要件を最速で叶えたもの**として、多くの示唆に富んでいる。

文：SAPジャパン インダストリー・バリュー・エンジニア **松井 昌代**

05

より人間らしく働けることを事業成長戦略に

AIやRPA。デジタル技術は何のためか。
先端技術は従業員エクスペリエンスを通じて未来を招く

マヒンドラ・グループは、世界100カ国以上、22産業、150以上の子会社に事業展開するコングロマリットで、2018年度は連結売上高207億USドル（約2兆2500億円）を計上した、グループ社員25万人を抱える大企業である。主力の自動車事業を展開するマヒンドラ・マヒンドラ社は、インド最大の自動車生産会社であり、イタリアのピニンファリーナ社、フランスのプジョーモーターサイクル社、韓国の双龍自動車社などを子会社に持つ。

全社規模の深刻な課題

同社の経営資源で大事なものはヒューマンリソースである。10年先の将来像に向けて、多様化する人材を最大限に活かし、各事業で目標予算を達成し続けるためには、いま何をやらねばならないのかが経営の重要課題だった。それぞれの事業では、業態特性に応じた日々の改善活動や業務のボトルネック解消に取り組む。例えば、ペーパーレス・人的介入最小化を掲げた水平連携のデジタルサプライチェーン改革、設計開発から製造実行までの垂直統合スマートファクトリー、機械学習とリアルタイムダッシュボードを取り入れた財務・経理業務の効率化・標準化といったプロジェクトが実践されており、すでに本番稼働をして、効果をあげている事業もある。

これらの「モノ」や「カネ」を軸足としたプロジェクトに共通の施策は、人手の作業をデジタルに置き換えて、企業間・部門間・社員間の情報伝達の速度、精度、粒度、頻度の高度化を目指すものである。マニュアル作業から解放された従業員は、より人間らしく、人間にしかできない業務に携わり、さらなる事業パフォーマンスの向上に貢献することが期待され、その実現には、従業員が、人間らしい仕事に従事し続けられるようにする継続的な教育が必要であるといえる。

全世界25万人の多くを占める一般従業員は、就業時間の多くを、日々の繰り返し業務に費やす。また、工場のタクト生産ラインで自動車部品の組み付けをしている現場の従業員も、休憩時間を除けば、ほとんどの時間はラインで作業をする。最終検査工程の担当者は、完成車両の不良や不具合がないかどうか、目視による検査だけでなく、診断機やテストベンチで品質の確認をしている。専門業務以外では、例えば人事部門では、就業時間管理、休暇取得、福利厚生、出張、経費精算、年末調整、業績評価、給与・賞与改訂などの業務に時間が費やされている。すべての従業員が成長を続けてゆくためには、適切な教育プログラムの提供、受講に必要な時間の確保、加えて本人の受講モチベーションが重要である。経営資源で一番重要な「ヒト」。同社では経営目標を達成するための戦略を、人事面から支えて実現させる「ヒューマンリソースの高度化」に向けたプロジェクトが実行された[10]。

デジタルが仕事をする職場環境

マヒンドラ・グループは、AIとRPAのふたつの先端技術を取り入れて、従来、従業員が判断して手作業でこなしていた仕事をデジタルに置き換え、人事とタレントマネージメントの両輪を含む、ヒューマンリソースの高度化のためのデジタルプラットフォームによる次のような運用を開始した。

- 世界100カ国以上の従業員がストレスなく受講できる多言語対応
- 24時間×7日の高信頼性と高可用性
- ラップトップやデスクトップからのWebアクセス環境
- 通勤途上や出張時の移動時間など、いつでもどこでも利用可能なモバイルアプリ
- 使いやすくシンプルで直感的な簡単な操作ができるユーザインターフェース
- シングルサインオン
- キーボード入力だけでなく音声入力もサポート
  出張申請の自動承認機能組み込み
- 自然言語による問い合わせ内容の自動解析とオペレーターを介さない自動応答

- ペーパーレスとすべての情報ソースの一元管理
- 受講者の経験や知識に合わせたカスタムメイドのトレーニングカリキュラムプログラム
- トレーニングビデオと関連する教材の一元管理と利用のしやすさ

使いやすいモバイルアプリケーションのバックエンドのクラウド環境には、人事・給与・タレントマネージメントなどのヒューマンリソース関連のアプリケーションや自然言語解析・対話型人工知能などの先端技術が採用されている。

導入効果

ユーザテストでは、ユーザフレンドリーな仕様であることで、特別の操作指導の機会を必要とせずに、対象の従業員にスムーズに使ってもらうことができた。そして2019年2月、1st Waveの約1万4,000人の従業員

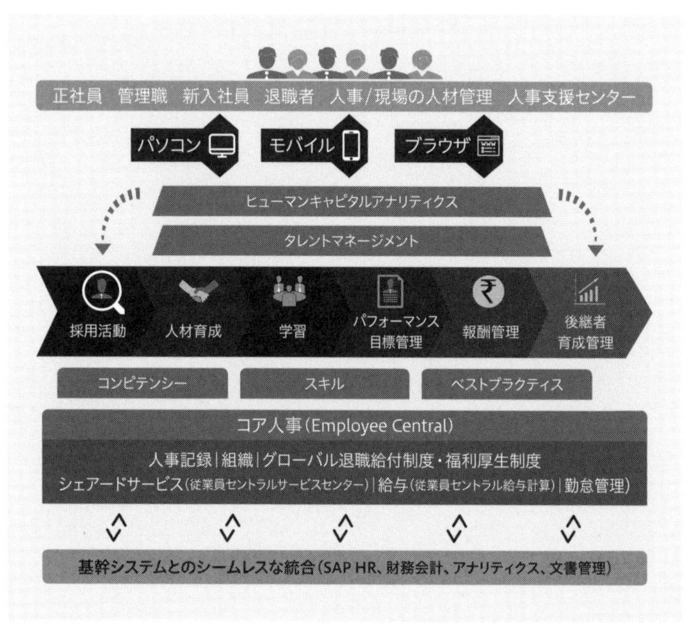

を対象とした本稼働では、各部門の業務担当者とその上司、人事担当者の業務効率と生産性が、以下のように大幅に改善された。

- 自動承認により8%のコスト削減
- 処理時間の40%削減
- 毎月正規社員10人相当の作業量削減
- 人事担当者の時間の25%増加

　従業員データの一元管理により、一人ひとりが目標としている自分の将来像と現状を照らし合わせ、何が足りなくて、ギャップを埋めるには何をどのような順番で修得し、どの試験に合格すればよいかが明確になった。目標に対する道のりが示されることで、自ら進んで学ぶモチベーションが向上した。また、間接業務の自動化や効率化により、トレーニングに必要な時間を作り出しやすい職場環境が整備できた。結果として、今後ますます多様化する人材の能力を最大化するための、高度なヒューマンリソースマネージメントを実践するためのスタートを切ることができたのである。さらに今後の新規事業や組織変更において、グローバル視点でアサインすべき適切な人材や、組織的に足りていない能力の発見と対策を講じることが容易になった。

経営資源の「ヒト」にフォーカスしたこのプロジェクトは、目先の改善効果のみならず、中長期戦略の目標を達成するための経営基盤の強化に繋がり、また従業員が人間として人間らしい働き方ができるビジネス環境づくりは、持続的成長に直結するデジタルトランスフォーメーションといえる。

製品やサービスを生み出すのは「ヒト」、それらを伝えるのも「ヒト」、経営戦略を作ることやその実行をするのも「ヒト」である。特にグローバル経営やダイバーシティ経営が求められる多くの日本企業では、経営課題のひとつとして従業員がより人間らしく働ける環境整備に着手しはじめている。海外進出している日本企業の海外現地法人の従業員が同じ未来に向かっているという意識を持つことは、ひいては日本企業が世界や社会に寄与するものであると考える。

文:SAPジャパン インダストリー・バリュー・エンジニア **山﨑 秀一**

06

調達・購買の戦略シフトが、新しく生み出すものとは？

社内統制による、徹底的な個別最適の排除。これこそが、戦略的調達への王道にして唯一の道

デジタルネットワーク社会が進化し、情報の透明性が高くなることで、公平公正な企業運営の重要度が高まっている。本テーマでは、企業とサプライヤーという巨大なB to Bのネットワークを担う調達・購買はどうあるべきなのか考えてみた。

企業が目指す社会を創るには、自社のリソースだけでは限界がある。そのため、調達・購買は、外部のサプライヤーから社会・企業にとって意義のある提案を受け、それを自社に還元することで相乗効果をもたらす役割になるべきである。直接材や間接材といった垣根を設けることなく、企業が外部に支払う支出を網羅的に考慮することでこの効果の最大化が可能である。自社にとって有益な情報やサービスを提供してもらうためには、外部のサプライヤーと戦略的な関係を構築し、調達部門が中心となって調達戦略を描くことが重要である。調達戦略を描くことで得られる価値としては、コスト削減を通した利益貢献のみならず、購買統制を通したコンプライアンスの担保や強化、調達ルール・プロセスの徹底によるサステイナブル調達の実現、属人化の脱却による企業対企業の

戦略的なサプライヤーとの付き合いからのイノベーションの実現などがある。

このような調達戦略を考える調達を、「戦略的調達」という。戦略的調達とは、購買要求毎の個々の相見積もりを中心とした部分最適ではなく、全体最適という視点に立ち、カテゴリーごとの戦略を立案し、それを実行していくことをいう。カテゴリー戦略は、例えば競争喚起を促す戦略、仕様の合理化を促進させる戦略、新規のサプライヤーを新興国に求め育成をしていく戦略、既存のサプライヤーと協調関係を高めていく戦略など、いろいろと考えられる。

これらは、個々のカテゴリーの外部環境、市場環境、過去の自社の支出、自社の経営戦略との整合性など複数の指標の兼ね合いにより決定するが、構築するには、多くの情報を分析し、関係部門との議論を基に検討を進めるため、時間がかかる作業になる。

グローバル企業では、このような潮流を加味して、人とデジタルの棲み分けを明確化し、企業の発展に寄与する。そこで、戦略的調達に特化するための調達変革を、デジタル化を通じて成し遂げようと歩みを進めてきた、コカ・コーラFEMSA、S.A.B. de C.V.(以下、コカコーラFEMSA)の事例を見ていく[11]。

同社は南米の「コカコーラ」商標飲料で世界最大のフランチャイズボトラーである。我々がよく知るコカコーラは、本社から支給された原液を使い、各地域でボトラー会社が生産と販売を行っている。同社は、南米10カ国、2億9,000万人の生活者に展開するボトラー会社で、コカコーラ、ファンタなど、様々な種類の飲料を提供する。

そして同社は、彼らのミッションの一部である“deliver excellence to thirsty consumers（喉の渇いた消費者を満足させる）”の達成、ならびに継続的な企業の成長を促進させるために、同社は各領域でデジタル化を加速、社員がより戦略的な業務へシフトしていけるような基盤の構築を行っている。

今回、そのデジタル化の一環として調達・購買領域においても新たなデジタル技術の導入（SAP Ariba）を行うことになった。これにより、調達組織の変革とサプライヤーや社内とのやり取りを、ネットワークを通じて行い、改善に努めた。彼らの代表的な課題は、以下のようになる。

- 調達活動の関係者がラテンアメリカ10カ国にまたがり、組織がサイロ化、各地域にローカライズされた調達・購買機能が存在
- 調達活動が各地域で最適化されており、全社視点での調達活動や情報の可視化が困難
- 発注書の作成、サプライヤーの出荷情報のとりまとめなど、各所でマニュアル作業が存在
- マネジャー、バイヤー、関係部署の調達・購買に関する情報へのアクセス不可による、情報収集のための工数増大

同社は調達・購買機能の組織・システム統合ならびに、国を横断した戦略的調達活動や発注～請求の購買のプロセスをSAP Ariba ソリューションを活用

して標準化されたデジタルプラットフォームに統一していった。そして、SAP Ariba Sourcing、SAP Ariba Spend Analysis、SAP Ariba Contracts、SAP Ariba Buy and Invoicingをまずは実装することに決め、既存のSAPソリューションとの統合により、調達・購買管理が最適な形で実施することが可能になった。また、このSAP Aribaは2つのSAP ERP（基幹システム）と連携がされており、ひとつのシステムから複数のシステムへの支払い指示をしている。

SAP Aribaを導入するとき、図に示した通り、**複数のSAP ERPと連携することが可能**である。国を跨いだ統合を実施するときには、ERPが別々という状況が多く、ERPの統合を待たないと他のシステムが実装できないならば、実現までに時間がかかってしまう。SAP Aribaは、購買ワークフローのシステム設定を複数持

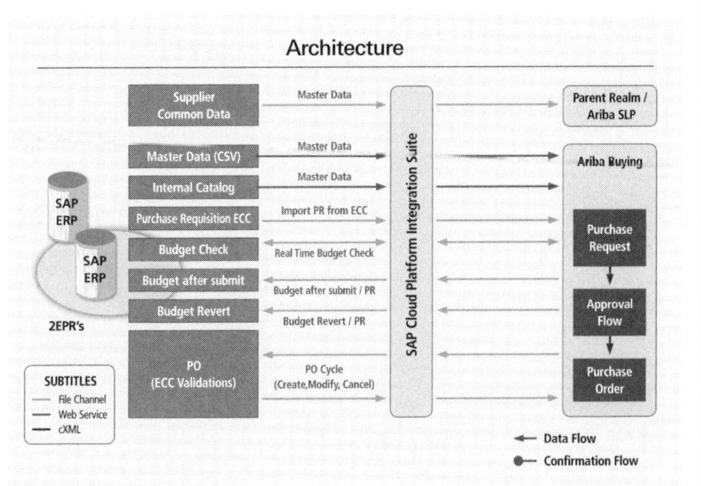

てるため、複数のERPと繋ぐことが可能であり、コカコーラFEMSAが実現した通り、ERPの統合とは別の時間軸で調達・購買のデジタル化を促進することができる。

また、アリバネットワークという世界で400万社以上のサプライヤーが登録され、3兆円以上の取引金額がある世界最大のB to Bビジネスネットワークを活用することで、サプライヤーとの取引が電子化され、サプライヤーも含めたデジタル化が実現することで調達・購買プロセス全体をすべてひとつのプラットフォーム上で運用することで、効率化と情報の蓄積・可視化を実現することが可能になる。

同社では、初年度からサプライヤーのアリバネットワークへの参加率が80～90%と高い割合で実施することができ、全体の導入も当初5年で見積もっていたものが、3年で実現され、予定より2年早い段階で実行に移せた。

この合理化されたプロセスによって業務効率化を達成した。具体的には、次のようになる。

- 購買プロセス（発注の自動生成、請求書の自動照合など）の大半を自動化
- 各部署でシステムにアクセスが可能になり、調達・購買の手間の削減
- バイヤーがサプライヤー情報、関連データ（支出データなど）に容易にアクセスが可能になり、粒度の高い情報の可視化が可能になったことによる戦略的業務へのシフト

まとめ

昨今の環境の変化のなかで調達・購買組織が担う役割は今まで以上に増してきた。日々の細かい業務に追われるのではなく、企業戦略と同期した調達戦略を、透明化された情報を活用しながら構築・リードする存在になることで企業価値向上に貢献できる。同社ではデジタルの力、ネットワークの力を最大限に活用しながら、人がやるべき戦略業務へ特化することで、会社のビジョン達成に貢献できるようになってきた。デジタル、ネットワークの活用により、今までの延長線上にない業務変革が、企業としても新しい価値を享受できるのではないだろうか。

文：SAPジャパン インテリジェントスペンド事業本部
バリューアドバイザリー ディレクター **太田 智**

コカ・コーラ FEMSA：従業員、サプライヤー、消費者のエクスペリエンスを最適化する調達革新
https://www.youtube.com/watch?v=uOtEzWZzUKI

07

高品質サービスを継続させた経営者の慧眼と組織の尽力

高品質なサービスの提供こそが、常に求められる領域。IT活用するための意思決定過程は、すべてに共通する

Intelligent Enterpriseが目指すのは、テクノロジーを活用して、個々がより付加価値のある活動にシフトできる環境であり、これは、公的な医療サービスの分野でも同様である。医療機関の人材確保およびその管理が、今後も重要な課題であることに疑いがないのは、パンデミックへの対応を通じてより明らかになった。特に、必要な要員を配置するというロジスティクス上の問題だけではなく、医療行為に直接・間接的に関わる方々すべてが、いかにやりがいを感じて働き続けてもらえるかどうかが、医療サービスの質に大きく関わってくるだろう。

その意味では、医療サービスを提供する組織こそ、冗長な内向きオペレーションはできる限りテクノロジーの力を借りて負荷を下げ、患者に直接・間接的に向かい合える時間を確保し、さらにその活動が個々の評価に繋がる一連の仕組みを磨くことが求められていく。日本では、国民皆保険制度があるため、公的保険として国が医療費を部分的に負担する仕組みになっている。一方、アメリカの医療システムは、基本的には個々が保険の加盟を判断する自由診療が基本

的な方針となっている(2020年11月時点での制度)。広がる所得格差を背景に、オバマ大統領の時代に「オバマケア」の名の下で低所得者への医療補助政策が推し進められたが、依然として高額な医療負担はアメリカの社会問題となっている。

ヒトの生産性アップに重点を

アメリカのインディアナ州 インディアナポリスにある医療センター・Health & Hospital Corporation of Marion County(以下HHC)は、1855年創立という歴史ある医療サービス企業で、設立当初は、南北戦争で傷ついた兵士の治癒にも従事。2020年現在では、事業を多角的に拡張しており、主に、「マリオンカウンティーの健康サービス部門」「一般病院」「メンタルヘルス」「関連病院施設へのシステム提供」という4つの領域で医療に関する事業を展開する。

事業を多角化した現在においても、全事業においてHHCが目指すのは、「患者に対してリーズナブル

Welcome to Health & Hospital Corporation of Marion Country

Health & Hospital Corporation of Marion County (HHC) operates the Marion County Public Health Department, Eskenazi Health, Eskenazi Health Foundation, Indianapolis EMS and Long Term Care.
HHC is governed by a seven-member Board of Trustees, whose members are appointed by the Mayor of Indianapolis, the City-County Council and the County Commissioners.
Our Mission is to promote and protect the health of everyone in the community and provide health care to those who are underserved.
Our Vision is that Indianapolis will be the healthiest large city in the United States by the year 2020.
Our C.L.E.A.R. Values are community, leadership, excellence, accountability and respect.

出典：HHCホームページ

で質の高い医療サービスの提供」である。

ところが、事業の拡大に伴って専門性・独立性が広がることで相互連携が困難になり、各事業での業務が徐々に個別に設計・運用されてしまう。そして各事業で働く従業員は、それぞれが同じような紙での入力作業・監査対応・その他社内申請手続きに忙殺されることになった。その結果として、従業員の定着率も低下してしまい、必然的に患者の対応に充てる質・量の両面で悪い影響を与えてしまったため、経営層はどうにかして業務を変革しなければ、と頭を悩ませていた。業務改革を目指すときによくあるのは、効率化を目指した現行業務の見直しである。

ただ、その場合よく現場からの抵抗に直面し、それが原因でとん挫することは少なからず起こりえる。

HHCが目指したのは、財務面での業績向上も踏まえた、患者向けサービスと従業員満足度アップを目指した業務変革である。むしろ、コスト削減を志向した業務効率性よりも、まずはヒトの生産性に重点を置いている点が非常に興味深い指針といえよう[12]。

従業員の満足度を定量的に測ること

具体的にまず着手したのは、従業員がやりがいを持っていつまでも働き続けてもらえるように、入社前から入社後に至る一連の業務プロセスの再定義であった。個々の事業実態を把握した上で、共通のプロセスを再設計し、かつそのプロセスごとに評価指標を設けることで、従業員の満足度を定量的に測る仕組みを実装。言葉にすれば簡単でも、これを実現するためには、制度・組織・業務フローをお互いに影響を及ぼす難易度の高い変革を推し進めていく必要がある。そしてさらに、発生するデータの質・量が膨大になることで、ITシステムとしての高度化も必須の要素となった。この多角的な変革を推し進めるITシステムとして、HHCは最終的に、SAP SuccessFactorsを採用した。このシステムを通じて、入社前のリクルーティングから入社手続き・入社後のキャリアパスに関する一連のデータを集約して、可視化し最適な判断を支える仕組みを実装したのである。

システム化により、管理層は従業員のキャリアプラン支援や人材の適材適所を見つけやすくなった。従業員の視点でも、給付制度がわかりにくいなど不満の声があったが、誰でも簡単に知りたい情報を見られるようになったため、働き甲斐のある職場環境へと生まれ変わったのだ。患者へのサービス強化については、患者対応以外に関わる時間、特に紙への手書き入力・申請・購入手続きなどマニュアルで行っていた作業を見直して、どの事業領域でもITシステムを活用した効率化を実現したのである。

このバックオフィス領域で採用したITシステムはSAP S/4HANA（会計領域）であり、今まで紙で行ってきた業務をできる限りSAP Fioriと呼ばれる直観的に操作しやすい画面で遂行できるよう業務ルールとUIのデザインを工夫した。調達先業者（ベンダー）の情報や社内での購買活動もシステムで一本化することで、どの事業でも効率的で透明性のある業務を具現化し、確保できた時間で患者へのサービスに充てることができるようになったのである。

また、SAP SuccessFactorsで収集した従業員に関するデータや、その他外部医療機関からのデータをSAP S/4HANAに連携させることで、多角的に分析できる機能も実装した。その狙いは、単に従業員への満足度向上や患者に充てるサービスだけでなく、それらを含めた事業としての評価を行うためであり、個々の業務生産性・効率性と経営視点での収益性評価を今ではバランスよく行っている。

従業員の働き甲斐を重視する

これらのオペレーション改革を実行した結果、次のような定量的な効果を実現している。

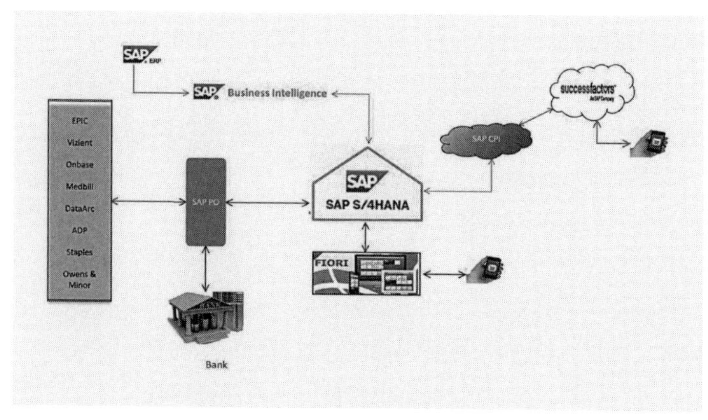

- 重複を排除することで調達業者の72%削減・購買品目の**77%**削減
- SAP Fioriの活用で、**85%**の利用者が紙を何度も探す作業から解放
- 承認自動化で1利用者が**月40時間**も購買承認に要する時間を削減
- セルフサービス型レポートの導入で、年間100〜150時間を削減
- 従業員情報のシステム一元化で**年間2000名**の手作業入力が解法され、月あたり**100時間**(0.6FTE)のコスト削減
- **94%**が新たに導入した迅速に閲覧できる従業員向け給付システムに満足

また、HHCは従業員の働き甲斐だけでなく、ダイバーシティと包容(Diversity and Inclusion)も重んじるカルチャーがあり、盲目の従業員でも利用可能なSAPのアクセサビリティ機能を利用している。日本の医療機関は、歴史的に診療報酬改定要件への対応を重視してきた傾向があるが、HHCのように、経営の収益の視点と実務の患者サービスの両立を目指した事例は、新たな示唆に富むのではないだろうか。医療機関以外の組織であっても、単にシステム導入によるコスト削減だけでなく、ステークホルダのひとつである従業員の働き甲斐を重視する指針を、サステナビリティ(持続可能性)の観点で、注目いただきたい。

文:SAPジャパン AI & Sustainabilityエバンジェリスト **福岡 浩二**

第4章

進化としてのビジネスモデル創造

Chapter 4

Prologue

新たなビジネスモデルを創造する企業はどんなウェアラブルデバイスを装着しているのかを想像してみた。例外なく企業自体に創造的な文化が根ざしているに違いない。自社を取り巻く課題に真摯に向き合った結果として、あるいは好調なときだからこそと気を引き締めて、それぞれの強みを生かしたビジネスモデルを創造するためには、おそらく装着するデバイスも他にないほど創造的なはず。デバイスを提供するメーカーも彼らのエコシステムの一員かもしれない。彼らはデバイスメーカーを困らせるほど、奮い立たせるほどの高い要求をしているかもしれない。

匠の技を継承するためのデジタルデータ統合、可視化、分析。
デジタル化が遅れた業界の変革支援で日本の未来へ先導。
未曾有の危機でも途絶えない物流基盤を最先端技術で構築。
特定の顧客ニーズに応えることでの新たな市場の開拓。
急速に変化するユーザニーズを捉えた新サービス創出。
ITサービス企業の強みを生かしてプラットフォーマーに進化。
医療従事者でなくても患者の健康を守るためにIoTで貢献。

あなたの企業が装着しているデバイスは、あなたの企業にしかできないビジネスモデルを創造するために必要なインプットを提供しているだろうか。

01

組織、業務、ITシステム。スマート工場も三位一体で

“カイゼン”が競争力の源泉である「生産現場」。社会情勢の変化への対応には、デジタル化推進が不可欠

銅箔素材において、業界リーダーである三井金属鉱業株式会社（以下、三井金属）は、全社規模でデジタル化推進に取り組む。そこでは、事業のあり方や将来像の再定義、業務の標準化を行い、ITシステムを構築することで成果を創出。同社は、「組織」「業務」「ITシステム」が三位一体となる改革を実践しているが、多くの日本企業に向けて、この事例を基に、経営、現場、推進モデルの基礎的な考えを解説していく。

スマート工場に向けて基盤を構築

三井金属の主力製品である「5G・IoT機器向け極薄銅箔」が、グローバルでのデジタル需要の増加によって大きく成長し、世界シェア首位を確保した。彼らは今後の成長を支えるため、経営管理システムによる事業強化に加え、生産現場のデジタル化に注力することで生産性や品質向上を目指している。

スマート工場プロジェクトの主要施策は3つである。特に、短期間で大きな成果を創出した内容を、以下に詳しく紹介する[1]。

1. 匠の技である“人の感覚値”をデジタル化

まず、熟練作業員の勘や経験―人の感覚値―をデジタル化した。生産現場ではマニュアル化が難しい工程が存在する。銅箔工程は、これまで熟練作業員の感覚値に頼って生産性と品質の向上を図ってきたが、これが属人化を招き技術継承を困難にしていた。その課題解決に向けて、以下の取り組みを実施した。

①徹底的なヒアリングで熟練作業員のマイルール(匠の技)の洗い出し
②ルールのズレを統一させ数値化(多い／少なめなどをすべて数値化)
③デジタル基盤に統一ルールを適用させ、生産性や品質を数値化
④生産性向上と安定化のために継続的な現場教育を実施
⑤すべての製造作業へ横展開させることで効果を最大化

2. あらゆるデータの統合と可視化

デジタル技術による“カイゼン”の本丸は、「データ分析による新たな気づきの発見と活用」である。スマート工場プロジェクトでは、検査結果と製造作業データ、設備の稼働データを横串で分析し、品質・作業・環境との因果関係を可視化した。膨大なデータから因果関係を立証し、改善案をまとめ、デジタル基盤でシミュレーションや効果測定することで、改善施策を効率よく創出した。

データ分析は、収集、加工、集計、可視化の4段階に定義されている。実現するためにSAP Cloud PlatformをベースにS、デジタル基盤や機械学習にはSAP Data Intelligenceを用いてデジタル基盤を構築した。これはSAP S/4HANAとの連携性、グローバルでの実績などが採用理由といえる。

3. デジタル化推進のロールモデル確立

2021年現在、デジタル化推進の王道といえる方法論は存在せず、企業は自社のビジョンに沿ったデジタル化推進の“型”を整備する必要がある。

そのためには、ビジネスモデルや事業戦略、環境、

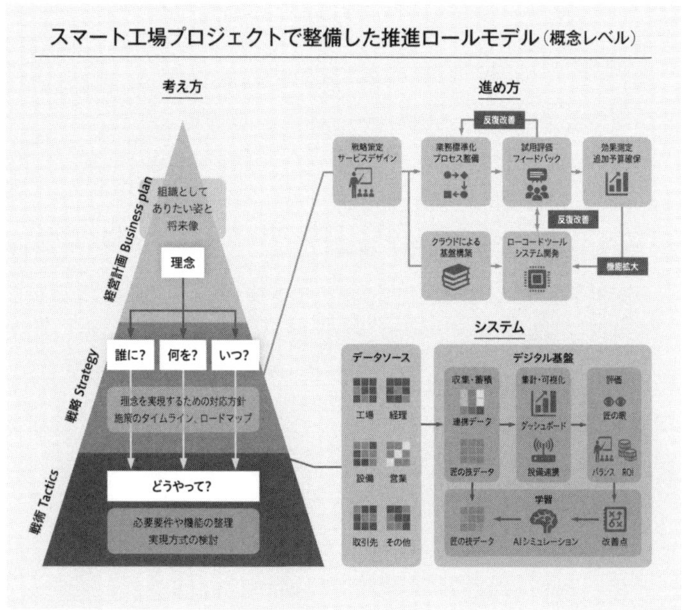

企業文化、推進能力を考慮したロールモデル確立が成功の鍵といえる。同社はスマート工場プロジェクトをベースにロールモデルを成長させている。実践で磨かれた考え方や進め方に基づいていることで、説得力があり信頼できる。デジタル化推進のロールモデル定義は、次の3点とした。

【考え方】:戦略と戦術の策定することで、成長が見込まれる領域へ推進

【進め方】:スモールスタートと定量的な目標設定、評価と改善、合意形成

【システム】:クラウド活用、デジタル基盤による分析結果の可視化・プロセス連携

経営と現場による工夫とは?

また、前述した三井金属の、スマート工場プロジェクトの主要施策について、その取り組みには、経営側と現場側それぞれにおいて、以下のような工夫があった。

【経営側での取り決めと推進】

- 推進指標や診断サービスで推進能力を可視化、目標設定と強化していくべき点を明確にした実行計画策定
- 不確定要素が多くあるため小さく始めて大きく育てる、物事を判断するガイドラインや基準を整備
- ROIを意識し、定量的な効果を関係者へ共有、組織におけるプレゼンス向上を図り、賛同者や協力者

を増やす活動の推進

【現場側での取り決めと推進】

- 組織横断的に改革を取り組むため、摩擦の緩和や調整と合意形成に優れた人材を登用させることによる、部門間や経営と現場の意識統一
- すべてのデータを統合、横串で分析させ活用するための、データの管理体制・プロセス・ルール整備（データマネジメント）
- デジタル基盤はサービスや機能で優れたものを組み合わせていくことで、スクラッチ開発を抑制させ、柔軟性と俊敏性の確保

【改革による経営効果】

- 大幅な生産性の向上／製造作業のデジタル基盤活用により歩留まりし、改善に繋がった。また、今後は、分析結果を関連部門へ連携することで品質向上に向かい、試作依頼やクレームへの、より効率的・効果的な対応が期待される
- 匠の技の修練期間が500分の1へ短縮／製造作業をデジタル基盤で自動化・省力化した結果、匠の技の修練期間が500分の1へ短縮された。匠の技とは、基幹システムの情報、気温・湿度やラインの癖などの環境情報、検査装置から得られる傷・不純物・座標などの情報を勘案し、最適な製造作業の計画策定、実施することである。これらの情報をデジタル基盤に集約、デジタル基盤で作業効率と最大取得率を自動算出させ、かつ業務の標準化によって属人化が排除された。匠の技のデジタル継承が実現

したことで、銅箔生産の事業継続リスクが回避された

- 投資回収が短期間で完了／成長が見込まれる領域で集中的に推進したことで、投資は短期間で回収の見込みとなる。クニエのデジタル方法論と経済産業省が提唱するDX診断ツールを用いて現状を診断しながら、全体最適の視点で「あるべき姿と将来像」を明確化し、領域を厳選した上で、組織改革、業務標準化、ITシステム構築を進めたことが成功に結びついたといえる

ビジネス変革はどの企業も待ったなし

デジタル化が急速に進む現在、ビジネス環境が劇的に変化している。創業140年の伝統的な企業である三井金属がデジタル化推進に全力を注いでいる姿は、多くの企業にとって参考になるだろう。

繰り返しになるが、スマート工場の成功を導くためには、次の5点を理解することが肝要である。

- 戦略と戦術の策定
- 定量的な目標設定と評価/改善
- 経営と現場の改革意識の醸成
- 組織を横断する改革
- クラウドの活用

各企業には、スピード感と決断力をもって改革することが成功の鍵と心得ていただきたい。

文：株式会社クニエ プリンシパル **海野 晋也**

02

安全、スマートでクリーン。未来の建設現場を描く

「世界に類を見ない日本発のサービスを提供し、土木建設工事の業態を根本から革新しつつある」

（公財）日本生産性本部サービス産業生産性協議会が主催する優れたサービスを表彰する「第3回日本サービス大賞」において、小松製作所（以下、コマツ）が展開する、土木建設サービス全体のデジタル業態革新「スマートコンストラクション」が、内閣総理大臣賞を受賞した。2020年10月、ホテルオークラ東京での表彰式で、菅総理は冒頭のコメントを発した。他にも、経済産業省と東京証券取引所が共同で選定する「デジタルトランスフォーメーション銘柄（DX銘柄）」のなかから“デジタル時代を先導する企業”として、「DXグランプリ2020」にも選ばれ、数々の受賞歴がある。

建設業界では、深刻な労働者不足が社会課題となっている。また、多重下請構造により年商6億円以下が94%を占めており、生産性向上待ったなしの業界でありながら各社のデジタル投資は限定的であり、国土交通省は生産性2割向上を目指しICT 技術を活用したi-Constructionの普及に腐心している。そこで同社は建設業界におけるデジタル変革に取り組むべく2015年より同サービスを展開、また2017年にはコマツ、NTTドコモ、SAP、オプティムの合弁会社「ラ

ンドログ」を設立、安全で生産性の高いスマートでクリーンな未来の現場を実現しようとしている。

一方で、日本の建設業界はデジタル変革とは縁遠い世界であり、一筋縄ではいかない状態であることは想像にたやすいだろう。ランドログによるプラットフォーム構想を掲げ、同業界をデジタル化へと導く戦略とはいったい何であるか。要は、オープンイノベーションによる建設現場を繋ぐ強力なIoTデバイス、キラーアプリケーションの投入である。ここからは、ランドログを通じて展開される同社サービスの一例をご紹介したい。

大企業が挑む建設業向けデジタル施策

2020年、ランドログは従来の1/10以下の投資でICT施工対応建機を実現する後付けキット「スマートコンストラクション・レトロフィットキット」を発表した。ICT建機(※)は導入コストが高く、その費用や中小規模工事での採算性への不安などが普及拡大の障壁となっていた。既存の従来型建機に後付けでICT建機化する別製品もあるが、約1,000万円の投資が必要である。これよりも低価格で、なおかつ高精度の製品を投入しなければ、急務な土木・建設業界の生産性向上は難しいと考え、価格競争力のある後付けのIoTデバイスを展開したのである。

(※) ICT建機とは、国土交通省が推進する「i-Construction」のICT活用工事でICT建機として定義されている、3Dマシンガイダンス(3D-MG)および、3Dマシンコントロール(3D-MC)機能搭載した建機また、ランドログの出資企業であるNTTドコモとSAPは、建設中小向けのクラウドERPである「ランドログERP」の共同開発を発表した。コマツが推進する建設現場のデジタル化と併せて、工事原価管理や経理処理までをデジタル化し建設生産プロセスを包括的に繋いでいく。旧態依然の建設業界に対し、大企業によるオープンイノベーションを加速、中小建設会社のデジタル変革を強力に導こうとしている。

ランドログは、大企業におけるオープンイノベーションの好事例といえるだろう。

しかしながら、疑問に思うかもしれない。「この事例に再現性はあるのか？ どうすれば我が社でも新規事業やプラットフォーム構想を絵に描いた餅で終わらせず実行できるのか？ デジタル変革とは一体何を

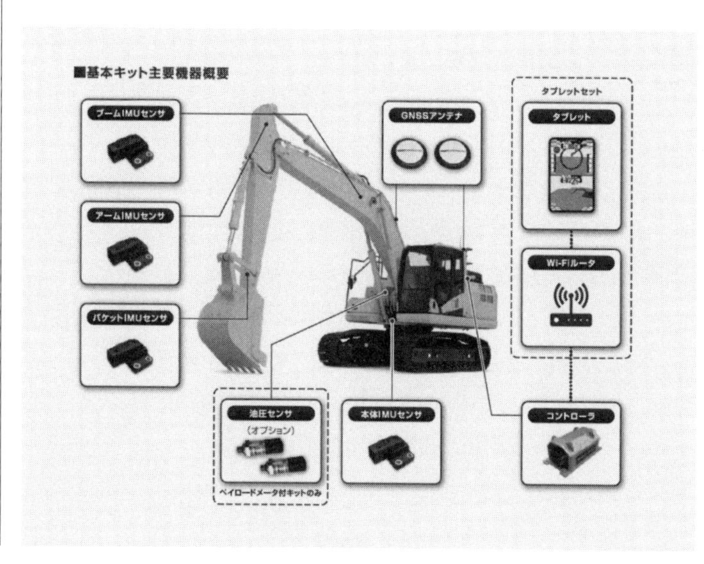

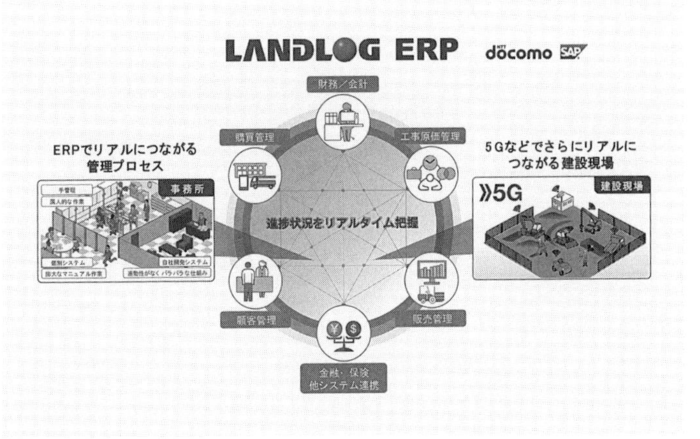

すればいいのか？」と。ただ、ランドログの取り組みには、そのヒントがあるのだ。

アーティスティック構想で未来を

デジタルトランスフォーメーションに取り組むには様々な障壁があり、絵に描いた餅で終わった議論は多い。とりわけ、ソリューションや製品機能こそが価値の源泉であると論じ、AIやIoT、ロボットに代表される解決策ばかりを議論する経営層も少なくない。「とりあえずわが社でもAIに取り組もう」と。しかし、これは大きな間違いである。

これからの価値の源泉、それはアーティスティックに未来を構想することからはじまる。ありたい姿を社会に対して構想し、メッセージしていくことを躊躇している大企業幹部は意外に多い。一方で、戦後の焼け野原に対峙した先代のイノベーターたちにとって、これほど当たり前な行動はなかったであろう。何もない現状からあるべき未来を構想し切り開いていくアーティスティックなアプローチ、これこそが現代社会における価値の源泉に他ならない。

あるべき姿を社会に問いかけるべく、コマツは動画作成し、YouTubeに公開している。ぜひ参考にしていただきたい。

この動画を見ると、建設業界に明るくない人でも、現場の今とあるべき姿を理解できた気分にさせられる。徹底的に目指すべき未来を描いて発信しているのだ。安全で生産性の高いスマートでクリーンな現場を追求し、建設業を若い人たちが働きたいと思えるかっこいい仕事にしたいという志がストレートに伝わってくる。

金額的な導入効果を短期的に求めるがあまり、新規事業が立ち消えになったという話は聞いて久しい。また、出る杭を打つ企業文化によって、新たなチャレンジを行動したものが罰を受けるという価値観も、大企業では根強いかもしれない。これまで同様、何も変

【KOMATSU】DIGITAL TRANSFORMATION SMARTCONSTRUCTION
https://www.youtube.com/watch?v=tEMO4Xt-gBw

わらないほうが誰かが責任を取らされる心配も少ない、そういった企業体質が重厚長大な企業ほどはびこっているように見える。「現状維持は衰退と同じ」という言葉があるものの、自分ごととしてとらえて行動できる心理的安全性が担保されていない職場も多いだろう。由々しき事態である。

事業を構想する上で、当然ながらロジカルな事業計画書は必要不可欠だ。一方で、より効果的にビジュアル化し、アーティスティックな構想を発信するアプローチが欠如していることが多い。未来に必要とされる企業となることは重要ではあるが、未来を作り出す企業はもっと大きな価値を生み、その第一歩として構想する力、発信する力が求められている。

また、大企業においては新規事業に不退転の気持ちで臨むことがしばしばあるが、これは間違っている。新規事業とは、失敗する可能性のほうが高く、何度もピボットによる事業の方針転換を行うものである。一度作った構想はぶらさずに、手法を何度も見直し、中長期的な視点で見守ることが、大企業における新規事業への対峙の仕方である。

ランドログの事例は、失敗を恐れずに構想し、忍耐強く実行し続けることの重要性を我々に教えてくれるのではないだろうか。そして、世界に類を見ない日本発のサービスを様々な業界で構想するプレイヤーが後に続くことを願ってやまない。

文：SAPジャパン トランスフォーメーションオフィサー
兼 株式会社ランドログ チーフデジタルオフィサー **明石 宗一郎**

03

備えていたから成し得た、危機のときに命を守る仕組み

リスクに直面しているから対応する姿勢が備わっていく。回避に求められるのは、常に「共感力」だ

顧客の先にいる消費者や患者の命に関わる商品を届けるミッションを背負った企業が、その期待に応えるために業務の精度をとことんまで高めている。それにはデジタルテクノロジーが不可欠。きっかけは彼らが直面しているシリアスな現実だった。

Zuelligは、20世紀初頭にフィリピンでその産声を上げ、1922年の設立当時は繊維、消費財、ヘルスケア製品、家電製品など様々な分野での総合的な代理店事業、流通業者だった。

1938年にヘルスケア製品の輸入、マーケティング、流通を専門とする医薬品部門Zuellig Pharmaを組織。第二次世界大戦の荒廃ののち、従来の貿易活動を超えてダイナミックな多国籍企業グループに拡大、その後Zuellig Pharmaは自律的なビジネスに発展し、Zuellig Groupの主力事業のひとつになる。

現在Zuellig Pharmaは、アジア最大のヘルスケアグループのひとつとして、13カ国市場でビジネスを展開し、数百万人の増大するヘルスケアニーズに応えている。世界トップ10の製薬企業を含む1,000以上の医薬・医療用品メーカーと取引し、32万以上の医療機

関に製品を供給している。

日本国内だけの医療・医薬品流通に目を向けていると、なかなか想像し難い。しかし彼らの市場である新興国は、メーカーから患者までの、安全で強固なサプライチェーンが確立された国ばかりではないのだ。求める患者や医療従事者がいる限り、新興国市場でのビジネスでは、正規に製造されたものではない偽造薬に対抗することが求められる。すでに彼らは、SAPとともにブロックチェーン技術を活用した偽造医薬品を検出するモバイルアプリケーション「Easy Tracker」を開発し展開している。これは自社が扱う製品の信頼を高めることに寄与している。

「Easy Trackerがあれば、メーカー、政府、非営利団体が偽造医薬品に対処する強力なツールを手にすることになります。私たちは患者の皆様に、利用する医薬品やワクチンが全面的に安全であると知り、信頼していただきたいのです」(John Davison, CEO, Zuellig Pharma Holdings Pte. Ltd)

偽造医薬品に立ち向かう Zuellig Pharma と SAP
https://www.youtube.com/watch?v=gqwnZZfFHEo

安全とはいえない医薬品が入り込む余地のある市場は、彼らにとって明らかなビジネス上のリスク要素だ。それを回避するためのEasy Trackerを彼らは手にした。しかし、市場のリスクをテクノロジーで克服していた彼らのサプライチェーン改革は、これだけに留まらなかった。

その仕組みはRPAとクラウドで

Zuellig Pharmaにとっての「次世代のオーダープロセス」とは、治療のために患者が待つことがなく、必要なものをいつでもすばやく入手することを可能にするものだった。それを実現するために、クラウドベースでSAP Intelligent Robotic Process Automationを活用することを選び、オーダーを24時間365日処理し、ヘルスケア業界の柱として需要に対応している[4]。2020年4月の公開情報によれば、実現したことは多岐にわたり、未来のニーズに応えていることを予感させる。

- 顧客のオーダーを受け取る手動プロセスをデジタル化し自動化。これまで毎日20名の従業員が電子メールを開き、記載されたオーダーをスプレッドシートにコピーの後にPDFへの変換に依存していた属人的業務を刷新
- 担当従業員の休暇やそれに伴う各種理由による遅れの影響なしに、24時間365日これまで以上のオーダーを処理
- 従業員が会社全体でより付加価値の高いタスクに

シフト

- 世界的なイベントや不測の事態の間も中断することなくオーダー処理を続行
- オーダー処理をほぼシームレスでタッチレスな環境で遂行
- 業界規制に準拠し、事前に承認された反復可能なオーダープロセスを使用することでの信頼性向上
- RPAと光学式文字認識(OCR)を使用して請求書のPDFを読み取り、SAPソリューションでその情報を処理、オーダー受領から支払いまでのEnd to Endプロセスを実現
- 3名のフルタイム従業員がタスクに取り組む場合に必要となるプロセスの監査に必要とする10,000を超えるITおよびシステム関連のケースのバックログ全体をクリア

肝に銘じるべきこと

もう、おわかりいただけただろう。Zuellig Pharmaの「目的」はシステムをクラウドにすることでもRPAを導入することでもなく、それらはあくまで「目的を実現するための手段」にすぎない。

「Zuellig Pharmaは、クラウドでRPAを使用して、オーダーを24時間365日処理し、ヘルスケア業界の柱として需要に対応しています。Covid-19の危機対応のためにSAP Intelligent RPAによって開発されたソースコードを使用して社内の人事管理を開始しま

した。今日、私たちはパンデミックのなかでお客様に医薬品を届けるオーダーの処理を続けることができます」(Daniel Laverick, Head of SAP & IT solution, Zuellig Pharma Holdings Pte. Ltd)

増大する高度なヘルスケアのニーズ、また、活況な市場を反映して数多くの国際イベントが開催され、世界中から人々が集まって起きる交通渋滞で従業員の定時出社が困難になり、医療機関からの受注や出荷に支障が起きる事態は想像に難くない。それを解決するには、なんとしても強固なサプライチェーンプロセスを構築する必要があったのだ。その解として最新デジタルテクノロジーを選んだことは、むしろ自然に思える。

そこにパンデミックが起きた。患者の命を守るためには、これまで以上にミスも遅延も許されない。その最高難度のミッションをクリアし、Zuellig Pharma従業員の命も併せて守れたのは、最新鋭のサプライチェーン基盤があってこそ。

2020年春、日本でも物流に大きな支障が生じたことは、この先も我々の記憶から消し去り難いだろう。さらに今後、世界的なイベントの予定もある日本。Zuellig Pharmaの取り組みから多くのインサイトを得ることができるだろう。だから決して「喉元過ぎたら熱さを忘れ」てはならない。

しかしそれよりも……。私たちはこの日本という平和で安全な国に暮らし、しばしば「平和ボケ」という言葉を耳にする。また、この国のデジタル化が諸外国に比べて遅れを取っていることは、誰もが認めていることだ。もしも、ここに至った理由のひとつが平和で安全であること、つまりリスクの少なさへの慣れと甘えであるならば、それ自体を未来に向かうリスクと捉えるほうが良いだろう。

長く続いた平和と安全には心からありがたいと思う。だから同時に気も抜かないことは容易ではない。ではどうしたらいいか。

まず、頭のなかから先進国／新興国の区別を捨て、「日本だから」という先入観も捨て、様々な海外動向を、日本ごと、自分ごとに置き換えることを意識するのはどうか。今後は脱炭素社会に向けた動きの加速化を受けて、外との往来が以前より頻繁ではなくなり、リアルな海外経験を積むことが難しくなることも考慮すると、効果があるかもしれない。

一方、グローバル企業にいる我々は、海外動向の情報を、これまで以上に日本だけに暮らすお客様の目線を意識して提供する必要がある。

過去には繁栄を謳歌した後に衰退した国家がいくつもある。そこからも学びたい。ただし我々が生きる現代には、未来に向かうための手段のひとつとして、「ヒトを助けるデジタルテクノロジー」がある。

そのことを腹に落とし、古今東西から学ぶ“共感力”によって、歴史の轍を踏まないこと。それこそが、「今から未来へ」羽ばたく秘訣だろう。

文：SAPジャパン インダストリー・バリュー・エンジニア **松井 昌代**

04

顧客ニーズ・ファースト。常識をブレイクスルー！

デジタル技術は従来の問題の解き方を変えてしまう。求められるのは、制約をブレイクスルーできる発想力

「Amazon Go」を代表とする“無人コンビニ”の開発は、近年世界中で行われている。それらを後押ししている要因のひとつにやはり「人手不足の問題」がある。コンビニ先進国である日本でも、24時間営業問題が社会的な関心を集めたことから、経産省が「新たなコンビニのあり方検討会」を発足させるなど、ビジネスモデルの変革を促している。この問題の救世主として、デジタル技術による実験が積極的に展開され、その課題も浮き彫りになってきた。

1.　レジ無し（ジャストウォークアウト）：Amazon Go、Take Goなど

技術革新と普及度によりコストは下がるが、店内に大量のカメラやセンサーを設置するコストは大きい。現状では1店舗当たりの投資額が大きいため、利益の出せるビジネスモデル開発が必須となっている。また、これらのサービスを進化し続けられる開発力も必要となるため、テック企業とのパートナーシップも重要な要素となる。

2.　無人店舗：BingoBox

コンビニの魅力は、「新鮮で魅力的な商品が並んでいる」こと。従って、店側の効率性を追求しすぎると単なる自動販売機になってしまう。RFIDも技術進化と普及度によりコストは下がっていくだろうが、低単価の商品を扱うだけにその負担はやはり大きい。

3.　セルフレジ：日本のスーパーマーケットなど

ある程度の規模施設で、レジに長い列ができるスーパーマーケットなどでは、お客の不満は解消される一方で、利便性を売りとするコンビニなどの小規模店舗では「(店側の)省人化」施策でしかない。

上記のいずれの方法も、デジタル技術を用いて、様々な問題を解決しようとしていることには変わらないが、技術検証だけでは成立しないのが難しいところだ。また、利用者側にもメリットがないと、新たなサービスに移行する動機を得られない。

ヴァロラ(Valora)の無人店舗

Valoraは、Food-venience(Food+Convenience)」というビジョンを持ち、特定の顧客ニーズへの“無人店舗”に挑戦している。キオスク規模の小型店を、スイス、ドイツを中心に都市中心部や駅、ショッピングセンターなどに2,700以上も展開しており、毎日50万人以上がサービスを利用しているという。

欧州では国ごと営業規定があり、日本のようなサービスレベルを持つ企業が存在しない。一方、デジタル化の進展は、ワークスタイルやライフスタイルに確実に影響を及ぼしており、好きな時間に軽食が取れるフードサービスの需要は確実に増加している。

スイス国内では、ミグロスとコープの2強が市場の大半を占め、小型店舗の展開やイートインサービスを開始しているが、それに対してValoraは、都市中心部や駅、ショッピングセンターといった人の集まる好立地に出店しているという強みに着目。そして、生活者に対して、好立地にプラスしたアイデアを見つけ出せれば、競合との差別化は図れると考えたのだ[3]。そ

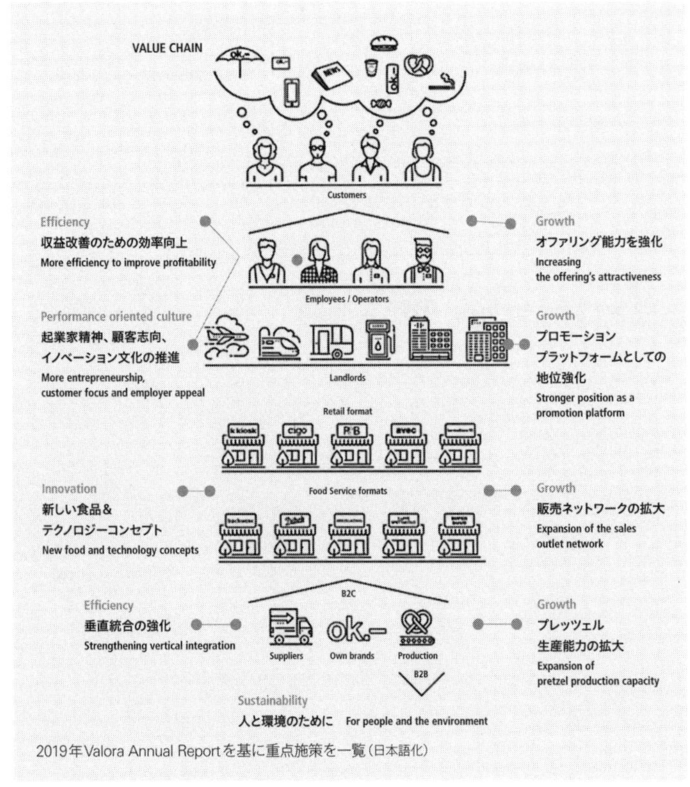

2019年Valora Annual Reportを基に重点施策を一覧(日本語化)

れが、無人店舗である。

この新サービスには、Valoraが「生活者の声を反映させる」というモデル作りの姿勢がある。“無人店舗”を単なるフロント業務の改善に留めず、関連するサプライチェーンを含む全体プロセスの効率改善など、全体戦略とのシナジーも考えているといえる。

店舗のオーナーになるための従業員教育にも積極的で、“無人店舗”などの取り組みへの「共感」を持たせる施策も進める。従業員のモチベーションは、2025年までに全体の90%をフランチャイズ化させるというValoraの計画にとっての大きな推進力だ。

ビジョンの実装

Valoraは、「利便性」を(営業時間外でも)「自分の好きな時間に、自分のペースで快適に買い物を楽しめること」と定義し、単なる品揃えだけと捉えていない。そのひとつの形として、(スイス初の)フル無人店舗(Full Autonomous Store)を具現化した。スイスの最大駅であるチューリッヒ中央駅には、いわゆる実験店舗「avex X」と数店の実店舗「avec box」から構成されるセットを構築している。

実験店舗と実店舗の双方をローンチすることで、生活者からのフィードバックを手に入れ、それにより新たなサービスアイデアを作り、試し、スケールさせるモデル作りまでを意識しているといえる。

好立地に加えて、スイス初の試みということで、

オープニングイベントには多くの人が集まり大盛況だった。Valoraの描くビジョンに、利用者を共感させるブランディング作りは非常に巧みである。これらは動画を使って、彼らの持つコンセプトも含めわかりやすく紹介している。"avec box and avec X | avec"で検索すると、華やかでキレのある顧客エクスペリエンスがうかがえる。

ここでは、「自分の好きな時間に好きなタイミングで軽食を取りたい」という生活者ニーズに応えることで、次の効果を報告している。

- ブランド価値と魅力の向上
- 通常営業時間以外での新たな収入源と新たな利用客の獲得
- ショッピング体験がパーソナライズされることによる顧客ロイヤルティの強化
- 完全クラウドソリューションによる実現
- サプライチェーンを含むバックエンドシステム(基幹システム)との統合

Valoraが、コンセプトから約半年で実装したのは、必要最低限のシンプルなユースケースだったが、店舗運用の生産性向上やパーソナライズ商品を通じたショッピング体験の継続改善など、サービス範囲を拡大していく予定で、次のステップでは、これらのサービスをパッケージ化した外販も視野に入れているという。

それを可能にしたのは、すべてがクラウドによるソリューションであることと、フロントシステムがサプライチェーンを含むバックエンドシステム(基幹システム)に統合されていることにある。

Valoraの“無人店舗”は、「Food-venience」というビジョン実現に向けた企業全体の取り組みとして、他社がブレイクスルーできなかった営業時間の制約を、**“デジタル+無人化”で差別化**したものと捉えると興味深い。

日本では、24時間365日営業というコンビニエンスストアという営業形態が、働き方改革推進によって変革を求められている。課題は真逆でも、採る手段は似ているかもしれない。

問題の解き方を変えてブレークスルーできるのは、デジタル技術が、従来の問題の解き方を変える能力を持っているからである。一方で、日々進化している技術を使おうとすることを先行させて、問題をより正しく捉えられず、誤った方法に走る可能性もある。だからこそ、**“何ができるか”ではなく、“何をしたいか”を明確に描く**ことが肝要だ。

このテーマでは、採用技術の成熟度や採算性に関する課題といった場面にしばしば遭遇する。しかし、Valoraのケースは、ひとつのビジネスアイデアを基に全体戦略として描くことができれば、「正の連鎖」を生み出し、戦略実行のスピードと精度を上げられることも教えてくれている。

文:SAPジャパン インダストリー・バリュー・エンジニア **土屋 貴広**

05

快適さと経済性の両立。新たなカーライフスタイルへ

若者のクルマ離れや所有から利用への潮流に対して、エクスペリエンスとセンシングのデータ活用を！

生活に必要なモノは購入・所有が当たり前、という認識が変わりはじめている。ブランド、デザイン、性能、諸元、価格、支払条件、アフターサービス、家族の声などを基に比較検討を行い、購入を決定、所有する高額耐久消費財のクルマも例外ではない。

自動車産業100年に1度の大変革期であるCASEやMaaSのなかでも、「脱所有」は多くの市場で浸透しつつある。米国のある調査会社のレポートでは、「40%の消費者は移動においてクルマの所有は不要である」と回答。そこにはZ世代の55%、ミレニアル世代の45%が当てはまり、推計では6,500万人、7,300万人となり、巨大な米国自動車市場が今後大きく変化していくことを予測している。

カーシェアリングとデジタル

創業から10年を超えたUberの配車サービスは、69カ国に事業展開している。スマホアプリで手配から支払まで完結できる手軽さや、乗車アンケートによるドライバー評価や車種情報を基に乗りたい車を選択で

きることが、従来のタクシーとは異なる。自家用車のオーナーは、Uberサイトにドライバー登録を行い、客とのマッチングが成立すれば、客の移動を手助けして報酬を得ることができる。

日本国内では、レンタカー会社や駐車場運営会社が母体のカーシェアリングが拡大しており、全国47都道府県1万以上のステーション数でサービスを提供している事業者もある。10〜15分単位で利用ができること、給油満タン返しの面倒がないこと、24時間の乗り出し・返却ができること、といった利便性が普及を促している。

このビジネスモデルの成功裏には、従来の所有とは異なる新たなデータ活用を伴う、以下のようなデジタル基盤の存在がある。

【エンドユーザの利便性向上】

- いつでもどこからでもスマート端末からの簡単操作による予約手配
- 過去の実績、利用時間帯、クルマのグレード・装備、利用時の給油有無などを基にしたきめ細かな課金・請求
- キャッシュレス、ペーパーレス、面倒のない電子決済による支払い
- フレッシュなユーザの声をサービス向上に連携するオンラインアンケート調査
- ビジネスユース向けに企業の精算システムと連携

【車両の安全・安心、信頼性、稼働率の高度化】

- クルマの位置情報と予約手配スケジュールの照合

- 配車が予約時刻に間に合わない場合、代車の自動手配
- 事故発生時のリモートサポートデスクや提携先サービス会社との自動連携
- 走る、曲がる、止まる。基本動作に関わる部位の状態監視
- 部品の状態に応じたサービス工場や消耗部品の自動手配

エンドユーザは利用目的に応じたサービスをチョイスして、今回の利用が満足でなければ、次回は別の車種や別のサービスからクルマを手配することができる。このように、カーシェアは、従来の所有では実現できなかった経済的なリスクが小さくて柔軟性の高いクルマの活用を提供する、所有から使用の業界トレンドに適合した仕組みのひとつである。

サブスクリプションでのデジタル基盤

ここからは、サブスクリプションについて、欧州自動車メーカーのサービスとデジタル基盤について触れてみたい。

多くの自動車メーカーは、産業大変革期と新型コロナウイルス感染拡大のダブルパンチを受けて、新車販売台数が激減し、今後も新車が売れにくい状況が継続することを予想している。各社は既存事業の利益を確保するために、全社規模で仕事の無駄を排除してリーンな業務プロセスを構築し、固定費・間接

費・物流費などの原価低減に取り組む。

そうした経営を「守る」動きとは別に「攻める」ためには、新しいクルマの売り方が必要だ。そのひとつの答えが、音楽や雑誌、アパレルの世界で先行する、いまの時代や若い世代のニーズにあわせた従来の現金・ローン・リースとは異なる「サブスクリプション」である。自動車メーカー各社は、新しいクルマの売り方の展開をはじめている。

【Porsche PassportのMulti-Vehicle Subscription】

日本で一般的に提供されているサブスクリプションとは大きく異なる。2017年のアトランタを手始めに、現在ではUSで4カ所とカナダで2カ所の地域にサービスを拡大。特徴は、月次定額方式で最大22種類のモデルのなかから何度でも好きなモデルに乗り換えができることだ。実際に利用者の傾向として、月に平均2.5回、50%は自宅で、30%は職場で乗り換えをしている。平日の通勤にはツーシーターのボクスター、週末は家族とドライブでSUVのマカンへ乗り換える、といった利用ができる。

【Mercedes-BenzのCollectionとBMWのAccess】

同様に、欧州自動車メーカーが展開をはじめている乗り換え制限のないサブスクリプションモデルは、シェアリングとは違う断面のデータ活用がある。プレミアムカーブランドらしい、エンドユーザの次のようなおもてなしがある。

- スマート端末やパソコンから乗り換えたい日時と空いている車種をチェックして予約
- センターでは、予約されたクルマの過去メンテナンス履歴も加味して、消耗品、燃料、ボディや内装の汚れなどの配車前の作業指示に基づきメンテナンスの実施、記録
- スタッフに対する配車・引取のスケジューリング
- 予約当日、スタッフへの配車・引取の指示
- スタッフは、エンドユーザが指定した場所へ、クルマを届けて、エンドユーザとともに車両の状態を確認、引き渡し、記録
- 利用していたクルマの故障や破損などの状態確認、引き取り、記録
- エンドユーザの利用満足度をオンラインアンケートで収集、タイムリーに解析
- 問題や不満への社内該当部門へアンケート結果と解析結果をもとに対策指示
- エンドユーザフォローアップのメールやコール
- 利用実績、アンケート結果、パーソナルプロファイルに基づく乗り換え車種のリコメンデーション

デジタルネットワークの構え

今後ますます、クルマを所有せず、シェアリングやサブスクリプションを求めるエンドユーザが急増してゆく。各社は、いかにタイムリーに魅力的なメニューを提供しつつ高い収益を計上し続けられるか

が、モビリティ事業の勝敗を分けることになるだろう。高い収益力と成長性のためには、なるべく人に依存しないEnd to Endのリーンな業務プロセスを実現するデジタル統合情報基盤が前提となる。ではどんなシーンでデータ活用のさらなる高度化が必要となるのか。

【エンドユーザエクスペリエンス】

- 数十万人から数千万人規模の利用者を取り扱うことが可能であり、一人ひとりのパーソナルプロファイルや利用実績、アンケート結果を基にしたパーソナライズされたマシン・トゥー・ヒューマンコミュニケーションを可能とする人工知能や機械学習
- 利用実績とフレッシュなバイタル情報をもとに、クルマのセッティングの最適化やインフォテイメントによる最適な移動空間の演出

【ドライビングセーフティ】

- 運行中も含めた車両の様々な部位の状態をセンシングし、蓄積された膨大なデータを予知解析することで、ダウンタイムの最小化、安全・安心および稼働率の最大化
- カーケアに必要なサービス工場、メカニック、部品などのメンテナンスに必要な予約や手配の自動化

スポーツドライビングが趣味な私は、ブランド横断で乗り換え制限のないサブスクリプションサービスが、国内でリリースされることを心待ちにしている。

文：SAPジャパン インダストリー・バリュー・エンジニア **山﨑 秀一**

06

クラウドプラットフォームが作り出すアスリートの未来

データは、チームだけの持ち物ではない。シームレスなデータ管理がスポーツをさらに楽しくする

サッカー X ITというと、2014年のブラジルワールドカップで、SAPがドイツ代表を支援したことを筆頭に、非常に進んでいるという印象があるだろう。いまや日本の高校の部活動においても、プロサッカークラブや代表チームと同様に走行距離や心拍数を計測するセンサーが日常的に利用されている。

さらには選手の契約情報やプレーの統計情報を取りまとめ、クラウドサービスとして販売している会社も出てきている。このように、サッカーにおけるデータ活用は、すでにかなり一般的になっているが、データ活用が進んでいるヨーロッパのプロクラブともな

れば、複数のシステムを活用しているのも普通のことである。様々なシステムを活用した場合、それぞれのシステムのデータをひとつにまとめ、統合的な分析を行うことが困難という課題が生じてくる。その解決のために、ドイツ代表やTSG1899ホッフェンハイム、FCバイエルン・ミュンヘンなどのチームとSAP Sports Oneというスポーツチーム向けのプラットフォームを、SAPは共同で開発したが、それをカタールとイタリアで取り組んだのが、SAP製品の導入を技術面から支援するパートナー企業でもあるClariba社である[4]。

Clariba社とAspire Academy

Clariba社をご理解いただくために、まずはカタールでの取り組みについて紹介したい。

サッカーにおいて決して強豪国とはいえないカタールだが、サッカー好きな方なら2019年に開催されたアジアカップ決勝で日本と対戦し、日本が1対3で敗れたことを記憶されている方は多いだろう。

2019年のアジアカップの際には、登録メンバー25名のうち、13名がAspire Academy(アスパイヤ・アカデミー)という育成機関出身であることが大きな話題となった。このAspire Academyは、近年カタールが国家主導で行っている強化施策の根幹をなす育成機関である。ご存じの通り2022年のW杯開催国であるカタールでは、2014年頃から国家戦略としてサッカーの代表チームの強化に着手しており、その強化費用は年間約50億円といわれている。育成機関にかけているコストとしてはおそらく世界最高レベルであると推察される。Jリーグでも1、2を争う資金力を持つ浦和レッズのアカデミー運営費が2019年シーズンで約7,700万円（浦和レッズ 経営情報より引用）であることからも、これが桁違いの金額であることは容易にご理解いただけるだろう。

Aspire Academyは育成機関なので、将来A代表の選手になれるポテンシャルを持った選手たちを世代別に集めてトレーニングを行っている。中長期的な視点に立った場合、データによる選手の評価というものは非常に重要になってくる。

つまりトップチームに昇格した選手やA代表に選ばれた選手の育成年代時のデータが、今所属している選手のベンチマークとなるのだ。

このAspire Academy向けに育成評価システムを開発したのが、Clariba社だ。

最初にシステムを構築した際はオンプレミスで構築しており、SAP HANA、SAP Data Services、SAP Business Objectsが用いられていた。特筆すべきは、SAP Business Objectsを活用したデータの見える化である。チーム全体の情報から、試合のスタッツなどの情報、各試合時の選手の詳細情報までが、複数の画面を用いてひと目でわかるようになっている。これにより、数多く所属している選手の情報を網羅的に確認し、選手間の比較と評価を行っているのである。

Football Data Integration 360

Clariba社は、Aspire Academyで開発したアプリケーションにさらなる機能を組み込みつつ、新たにクラウド化したアプリケーション「act·in | football」の開発と運用を開始した。さらにイタリアサッカー連盟(伊:Federazione Italiana Giuoco Calcio、以下:FIGC)との取り組みのなかで、ソリューションを拡張させて、「Football Data Integration 360」というアプリケーションとしてFIGCに提供している。

イタリア代表チームのサッカーといえば、強固な守備を誇るカテナチオ(イタリア語で“かんぬき”の意味で、カギを掛けたような守備が堅い戦術を表す)と、ロベルト・バッジョのようなファンタジスタと呼ばれる、ずば抜けた技術と創造性に富んだプレーをする選手を擁して、ワールドカップを過去4回優勝しているサッカー強豪国である。これは優勝回数が5回のブラジルに次

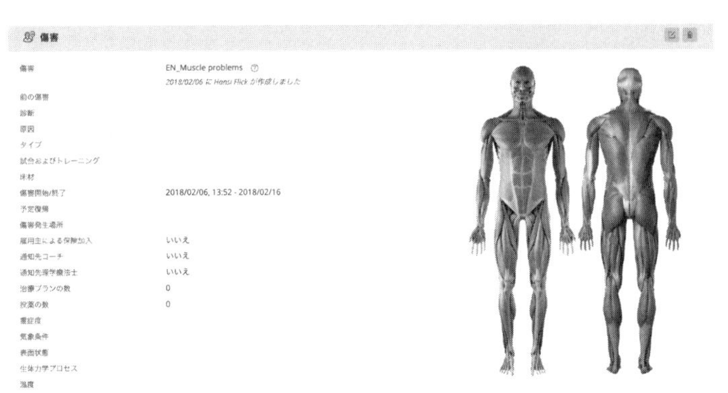

出典:SAP Sports Oneサッカー選手のコンディション管理画面

ぐ優勝回数を誇っている。しかし近年、ワールドカップの舞台では目立った活躍ができておらず、2014年のブラジル大会では、本戦に出場したものの、2大会連続でグループリーグ敗退、2018年のロシア大会に至っては、ヨーロッパの地域予選で敗退という状況であった。

そのような状況でFIGCは、SAPのパートナーでもあるClariba社のソリューションを利用しはじめた。FIGCが利用している「Football Data Integration 360」は、選手の技術的評価、コンディショニングデータ、怪我などの医療データ、試合分析レポート、フィジカルテストのデータなどを一元的に管理している。さらには選手が所属しているクラブと代表チーム間で、選手の様々なデータを連携させている。代表チームに選ばれた選手も、大半は所属しているクラブで過ごすため、代表チームは、招集した選手が所属クラブでどのように過ごし、どのようなコンディションなのか気になるし、反対にクラブ側は代表チームに送り出した選手が、どのようなコンディションになっているのかを知りたいということもある。

また、単なるデータの交換・共有のためのプラットフォームとしての機能だけでなく、将来的には、蓄積した練習データやその評価、コンディショニングデータなどのビッグデータを基に、機械学習を用いてベストメンバーの抽出や試合でのパフォーマンス予測を行うこと、ブロックチェーンを活用した個人情報の取り扱いやチャットボットを活用したユーザインターフェースの機能向上なども検討している。ブロックチェーンを利用した個人情報の取り扱いに関しては、今後データの帰属権についての議論が必要となるだろうが、移籍した際に怪我や治療などの履歴情報がきちんと次のチームでも参照できることになれば、適切な治療やリハビリプランの確立ができ、選手寿命が延び、選手にとってもプラスになることが考えられる。

しばしばスポーツにおける先進的な取り組みはビジネスの手本だといわれるが、ビジネスだけでなく、社会全体にも影響を及ぼすかもしれない。未来においては、この情報交換のスキームがプロアスリート向けだけでなく、我々のような一般市民の健康情報管理の基盤としても利用されるかもしれないというイメージが湧く。

SAPがスポーツチームに提供しているソリューションであるSAP Sports Oneが、代表チームや各クラブでの活動を最適化しているのに対して、Clariba社がFIGCに提供しているソリューションである「Football Data Integration 360」は、代表チームとクラブ側の両方の視点から、そして選手への効果も加味してソリューションが開発されている点が非常に興味深い。Clariba社が、サッカーに限らず、このプラットフォームを展開していくことで、「プロアスリート向けのパフォーマンスプラットフォーマー」になる可能性を感じ、技術志向のSAPパートナー企業の進化したビジネスモデルにインサイトを得た思いがする。

文：SAPジャパン エンタープライズ・アーキテクト **佐宗 龍**

07

求められた場所からはじまる未来型在庫管理のカタチ

未来型志向だけではなく、必要だからIoTセンサーを。まさに、「必要は発明の母」といえる

健康を害して、医療機関のお世話になることがあると、患者に寄り添う医療従事者の方々の立ち振る舞いに心が救われる気がする。医療機関は高レベルの安全性とセキュリティーの維持が求められ、患者の治療と介護をするための有資格者だけで業務が遂行される場所。いかなる業務にも、医療従事者の知見に基づく判断が求められる。

ドイツの医療製品メーカー、HARTMANN GROUP（以下HARTMANN）の取り組みは、患者の命を救う治療や介護などの直接業務に、できるだけ時間を割きたいと考える医療従事者の管理業務負担を軽減するものだ。南ドイツの小さな街、ハイデンハイム・アン・デア・ブレンツに本社を置く同社は、医療用品の製造と流通を担う、医療機関にとってのビジネスパートナーである。創業1818年。長い伝統と歴史を誇るHARTMANNの年間売上高は21億2000万ドルを超える。35カ国以上に1万1千人以上の従業員を擁し、彼らが製品を納入する医療機関における患者数は年間約6,400万人にのぼるという。

専門職が直接業務に専念するために

HARTMANNは、顧客である医療機関の現状を調べることで、自分たちができることを見つけ出した。医療機関では、医療従事者が患者の治療と介護という本来の業務に加えて、ロジスティクスおよび管理業務に時間を割かざるを得ない状況にあった。

- 医療用品保管場所を1日3回チェックして、手術室や診察室、病室に必要な品が行き届き、適切な設備としての機能を保持していることを確認
- 在庫レベルをマニュアルで記録
- 在庫の補充を都度マニュアルで発注
- バックオーダーを目視でトラッキング

残念なことに、医療従事者たちがこれらの管理業務に時間と注意を向けたことにより、患者のケアに割く時間が限られて、患者の症状の悪化を招いたり、必要な医療用品の不足による患者の症状の悪化を招いたりしたこともあったという。そこで、HARTMANNは**在庫を自動計測し自動発注する「センサーボックス」という棚**による解決を図ることにした[5]。

それまで保管場所に置かれていた収納棚に替わって設置されたセンサーボックスには、整然と医療用品が並ぶ。ボックス内に取り付けられたIoTセンサーで在庫量（積まれた品物の高さ）を計測し、在庫が一定のしきい値を下回ると自動的に発注を行う。電話やWeb経由の発注はもう必要なし。スマホすら使っていない、これ以上ないほどのシンプルさである。

もちろん取り組みはシンプルだけに留まらない。自動発注データを受け取った際、同社が社内に持つ医療機関ごとの過去の納入データや計画データを用いて、さらに様々な外部データを組み込むことでより正確な需要予測を行い、医療機関側での在庫切れを防止する(下記図中❶)。

- Google Trends
- TwitterなどのSNS情報
- 気象情報
- ドイツ連邦保健省配下のロベルト・コッホ研究所が公開する医療健康情報

そしてこれらの膨大なデータを活用した需要予測を彼らは**AI活用**と呼んでいる(下記図中❷)。さらに担当営業による最適化、つまり、マニュアルによる調整も可能である(下記図中❸)。

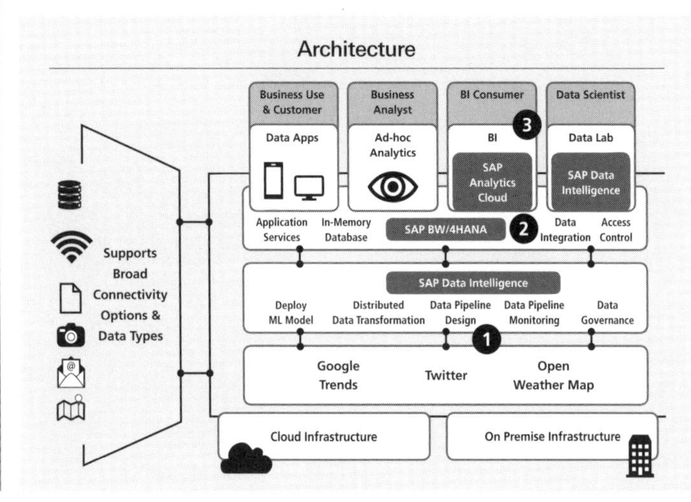

取り組みの効果からの学び

このセンサーボックスによって、医療従事者が医療用品の補充という管理業務にかけていた時間を、患者の治療や介護に向けられるようになったと、実際に医療従事者からのフィードバックとして聞かれるようになった。HARTMANNでは、その成果をさらに、以下のように精緻に分析している。

【業務および社会的効果】

- リアルタイムトレーサビリティー、98%以上の予測精度とその提案根拠ガイダンス
- 医療従事者に対するIoTやAIといったデジタル技術に関する教育
- 需要と供給プロセスの可視化
- 医療機関のロイヤリティー向上
- センサーボックスを活用することでのプロセス横断的なコスト削減 — 顧客の発注業務、サプライチェーン最適化、精度の高い需要予測に基づく製造プロセスと品質プロセスの改善（将来的なスマート倉庫およびスマート工場の前段階）
- デジタルビジネスモデルに焦点を当てた、エコシステム全体におけるステークホルダーとの密接なやりとりによる機能革新
- 部門を超えた協力による新たなビジネスモデルの創造（サプライチェーン、購買、ITなど）

【IT領域における効果】

- 内部データと外部データを組み合わせることによ

る、新たなデータ駆動型ビジネスモデルの創造

- 既存のモジュール(Warehousing, Material Consumption)を組み合わせることでの顧客への貢献リードタイム短縮
- デジタル技術を搭載したセンサーボックスによるデジタルトランスフォーメーション推進
- 医療機関内在庫情報のデジタル化によるデータ管理とセキュリティー運用の合理化
- センサーボックスを医療機関内ITシステムに組み込むことでのバックエンドシステム統合
- 在庫補充システムによる自動化に移行したことでのマニュアル管理業務時代のエラーの削減
- センサーボックス活用によるスペース効率最大化

【人の営みに関する効果】

- 医療従事者の日常業務の改善 — マニュアルオーダーなし、在庫管理なし、計画の信頼性向上、そして本当に重要な業務に費やす時間の増加
- 本来必要なケアを受けられるようになった患者た

HARTMANN 社の選択 -- 患者の命を守るためのデータ活用とは
https://youtu.be/lbI2Gp8BPsw

ち／ケアに必要な時間が保証された医療従事者と必要な医療用品の可用性の担保

- 適切な在庫管理が行われていることでの医療機関経営側のコスト圧力からの解放
- 新たなデジタル技術と合理化されたデータセキュリティー基準による、患者さんと医療従事者の安全確保
- 新たな医療ビジネス領域の創出と競合他社との差別化
- 自動在庫補充によるCO_2排出量と紙使用量の削減

ともすれば、これまで「ROIはどのくらい」という言葉で、定量的かつ金額的導入効果だけを語って上層部の賛同を得ることに苦労してきた多くの企業の変革リーダーが、数字に加えて本来計画書に書くべき社会的定性的効果が列挙されているのではないか。目的ではなく手段としてのデジタル変革。言わずもがなだが、今を生き延びるのではなく、未来の社会に必要とされることが企業存続の必須要件だ。自社製品を納入するお客様先でのこれからの在庫管理業務を、HARTMANNの取り組みをヒントになぞるのはわかりやすいアプローチかもしれない。そこには医療業界だけに特化しない、あらゆる業界に存在する管理業務のデジタル化へのインサイトがある。HARTMANNが公開した動画からは、医療機関に製品を納入する業者としての誇りと使命感が伝わってくる。

文：SAPジャパン インダストリー・バリュー・エンジニア **松井 昌代**

第5章

人が人らしくあるために

Prologue

組織のなかではたまたまあなたの身近にいないかもしれない、性別、人種、国籍、宗教、年齢、学歴、職歴などが異なる従業員でも、サーベイツールを使うことでその思いを知ることができるようになった。インターネットの翻訳機能が言語の壁を越えさせて、物理的な移動とは関係なく、文化や背景の異なる人々と新たに繋がる機会を作ってくれた。

あなたの耳に、企業のなかで「若手」と呼ばれる世代の声は聞こえているだろうか。今はまだあなたの組織の外にいる世代の声は聞こえているだろうか。彼らの思いを受け止めているだろうか。デジタルネイティブと呼ばれる彼らは、あなたより遥かにデジタル技術との付き合いに長けていて、あなたを導く存在になってくれるかもしれない。あなたの激動の時代の経験を、未来への糧に替えてくれるかもしれない。

どちらにせよ、いずれあなたの組織を引き継ぐのは若者たちだ。思いを受け止めてくれない組織に、彼らは近づきようがない。今までと同じ、はもう終わりにしよう。孟子が「長幼有序」と言ったのは紀元前3世紀。これからは「長幼有信」だ。

あなたの心のデバイスは、若者たちの声を聴けるような互換性機能を備えているだろうか。若者たちに、あなたの「思い」は届いているだろうか。

01

ビジネスの日常に「人々」と同じエクスペリエンスを

「働き方」再創造。データとプロセスをEnd to Endで再定義し、統合された業務遂行プラットフォームを確立

過去20年、インターネット、スマートフォン、ソーシャルメディア、さらには機械学習などにより、「人々」のコミュニケーションやショッピング、情報収集や学習、消費行動の有り様は、大きな変貌を遂げてきた。私たち消費者としてのエクスペリエンスは、テクノロジーの恩恵により今後も進化し続けていくであろう。一方で私たちのビジネスの日常に目を向けたとき、それらと同じレベルのエクスペリエンスが普及しているとは言い難い状況なのではないだろうか。

なぜ「働き方」は進化しないのだろうか。大きな理由のひとつに、ビジネス遂行のための統合された「プラットフォーム」を提供、あるいは活用できていないことが挙げられると思われる。消費者に対しては、コミュニケーションやインターネット商取引、オンラインバンキング等のプラットフォームが(それぞれ)存在する。例えば、「友達／連絡先」とその「繋がり」や、「商品」と「購買履歴」といった“データ”が統合的に管理され、ビジネス活動よりはシンプルではあるものの商品の検索・購買や配送ステータスのチェック、決済等の“プロセス”はそれぞれのプラットフォームで完結

する。そして蓄積されたデータに基づき、「レコメンデーション」や、あるいは「写真・動画アルバムの自動作成」といった新しいエクスペリエンスを提供してくれる。

今後数年のうちに、人工知能、拡張現実、IoT(Internet of Things)、クラウドといった新しいテクノロジーはますます進歩していくであろう。それらテクノロジーの力を借りることにより、「働き方」も継続的に進化させていかなければならない。私たちの「働き方」を、根底から見直すべき時期なのかもしれない。

「働き方」を再創造する、ということ

Murphy Oil Corporation（以下、Murphy社）は、石油や天然ガスの探鉱・開発から生産を担う米国に本社を置く企業である。Murphy社は、その油田開発や生産

活動の「現場」における働き方の変革に取り組んでおり、そのために様々なテクノロジーを駆使している。どういった取り組みなのであろうか。

ひとつには、モバイル端末やそこで動作するアプリを活用することで、これまでの仕事のやり方を変えている。例えば、現場のエンジニアが、モバイルアプリに話しかけ、割り当てられた業務を確認し遂行していく。モバイルアプリは、エンジニアの音声を的確に読み取り、作業完了の報告を作成してくれる。あるいは、現場のエンジニアが、遠隔地にいる同僚の支援を受けながら業務を遂行していく。

すなわち、モバイルアプリにより現場の様子を映像で共有することが可能になった。そこでは現場の設備や装置に関連する種々の情報を、画像認識技術を活用して表示させることもできる。これら新しいテクノロジーの活用により、業務の品質や効率性・生産性の向上を図ることが可能となるであろう。

しかしながら、これらの内容は、モバイルや音声認識、画像認識等の**新しいテクノロジーの局所的な適用**を説明しているにすぎない。モバイルアプリが実現している内容も、今後、ヘッドセットやメガネ型のデバイスのほうが、現場での適用においては優位性が高い可能性もあり、ハードウェアの進化もあわせて考えていく必要がある。

同社の取り組みにおいて、より重要で本質的なことは、彼らの言葉を借りるならば、「**“統合された業務遂**

行プラットフォーム"がそれら新しいテクノロジーの活用をより意義あるものにしている」ということであろう。そして、何を統合しなければならないのか。同社では、**データ、プロセス、システムを統合**している[1]。

指令室と現場を統合する

まず、「**データ**」という側面では、石油や天然ガスの探鉱・開発や生産に関連する設備に対する膨大な「作業指示」が、様々な付帯情報(例:作業場所、作業者、作業ステータス、作業履歴)とともに、統合的にかつ標準化された上で管理されていなければならない。さらにその前提として、それら設備のマスタデータも標準化されていなければならないであろう。そして、IoTを駆使して連携される、それら設備からのセンサーデータは、マスタデータとの関連のもとに個別の設置(インスタレーション）ベースと紐付けて収集・把握されなければならない。設備からのセンサーデータに基づき異常を検知し、あらかじめ部品の交換や修理を指示するケースも、それら設置ベースのデータを標準化した上で、統合的に管理されていることが前提となる。ちなみに、Murphy社では、800の油田・ガス田から2,400万件のイベントが後述のクラウドプラットフォームで統合的に管理されている。

そして、それら「データ」を生成するのは人（もしくは機械）であり**「プロセス」**である。

Murphy社では、すべての作業指示をリアルタイムに把握・管理し、機械学習が検知する緊急性や優先度に応じて、中央司令室からリアルタイムにエンジニアを割り当て、作業指示を出していくことができる。そして、作業の実施と完了報告は、それぞれのエンジニアが上述のモバイルアプリを通して行う。中央司令室と保全の現場およびエンジニアが、統合されたプロセスで連携しているということである。

「システム」に関して、同社においては、この取り組みを推進する上で、「15のシステム」と連携する必要があった。それらは、作業指示や完了報告などの基幹業務プロセスを担うERPシステムであったり、エンジニアをそのスキルなどを含めて統合管理するクラウドベースのタレントマネジメントシステムであったり、マスタデータの標準を担保するシステムであったり、様々なものが該当する。同社は、SAPのクラウドプラットフォーム、すなわちSAP Cloud Platform（SCP）を、それら複数システムを統合する基盤として活用し、**データとプロセスも含めたリアルタイムのビジネス管理**を実現している。

Murphy社は、「**15～20%の生産性の向上**」を報告している。モバイルアプリやチャットボットのような、テクノロジーの局所的な適用のみでは、そのような劇的な変革は難しいであろう。

テクノロジーの進化をより有意に活用し「働き方」を再創造するにあたっては、より広い視点で、すなわち、**データとプロセスをEnd to Endで再定義し、統合された業務遂行プラットフォームを確立**することが要諦であろう。

文：SAPジャパン インダストリー・バリュー・エンジニア **竹川 直樹**

Murphy Oil Corporation：SAP Cloud Platformが実現するデータ、プロセス、システムの統合 – デジタル「オイルフィールド」の臨場感・現場感も含め、そのダイナミズムに触れることができる
https://youtu.be/AISQ_6kIzgo

02

ビジネス×IT教育による高校生のキャリア形成支援

テクノロジーへの感度が高い若者たちに対してこそ、革新的な未来を切り開くトレーニングが必要といえる

将来を担う若者、社会人の卵である高校生にこそ、ビジネスとテクノロジーの分野に入れるように、高品質な学びの場を提供することが重要である。

ここでは、SAPが提供する、学生インターンシッププログラム、およびERPシミュレーションゲームを活用する、ビジネス体感を通じた高校生のキャリア形成事例を紹介したい[2][3]。

インターンでのIT×ビジネス領域の学び

高校生にとって具体的な仕事をすることを想像することは非常に難しい。未知のなか、ビジネスやITのキャリアを夢見て、それに向けた進路を選択することはさらに難しい。

The Houston Independent School District(HISD)は、学校でどんなに良い教育をしても、それが学問に特化したものだけでは、将来的なビジネスの成功を目指している野心的な高校生への期待に叶えられないと感じていた。

そこで、将来的に出合うビジネスやITには、どのようなものがあるかといったことを認識できる「実践的」な経験を積ませ、自身のキャリア形成に役に立つ進路の選択を可能にすることを目標として、SAPのインターンシッププログラムを、高校の卒業資格に繋がる単位として取り扱うことにした。

インターンシッププログラムは、8週間かけて行われる。前半4週間は実際のプロジェクトで起きている課題とその解決策の学びを通じ、ビジネスにおけるITの価値を体得する。例えば、クレジット会社のビジネスシステム分析PJに関わった学生は、会計部門や調達部門へのヒアリングやクレジットカード履歴のSAPシステムでの取り扱い方法の学習を経た後、データベーステーブルのデータ項目修正・最適を行う。後半4週間は、課題発見と対応策を実践する。クライアントから収集した要件を収集し、ギャップ分析を通じて対応策を明らかにし、SAPシステム各業務モジュールによる実装を行うのである。

メンターは、日常業務のなかで新規アサイン者などと同様の説明やデモンストレーションを行い、インターンは、会議、研修、フィールドアサインメントに参加するといった方法で実践的に学び、「インターンシップ終了時プレゼンテーション」によりその成果が確認される仕組みとなっている。

2014年にはじまったこのプログラムは、これまでに、5年間で合計60名の学生が参加している。プログラムに参加した学生は全員大学に進学し、そして、多くの学生がテクノロジー分野の専攻を選んだ。また、本インターン終了後、有給のサマーインターンで雇用される学生も多数おり、8週間で、対価を得るレベルでの成果を出せるスキルを身につけることが可能になっているといえる。

このように、テクノロジーに興味のあるデジタルネイティブの若者たちに、ビジネスを志向した適切なインターンシッププログラムを提供することで、エキサイティングで革新的な未来への道を切り開く実践的な力を得ることに、大きく貢献するものになっている。

ERPsim－ERPシミュレーションゲーム

現代社会の企業基幹業務運営および経営において、ERPが必須ツールであることは共通認識になっている。しかし、一生活者でしかなく、経済の仕組みを学んでいる途中である高校生にとって、「ヒト・モノ・カネ」を経営資源として捉え、経営における情報の価値を理解するためには、想像の大きな飛躍が必要である。デジタルネイティブなX世代は、視覚的な学習が得意であり、また、PC操作にも慣れている。課題に対して前向きに取り組むことができる一方で、せっかちに達成感を得たがる傾向にある。一方通行になりがちなプレゼンテーション、パンフレット、ビデオなどを利用した従来のアプローチでは、彼らにアピールすることはできない。

SAPジャパンは、CSR活動としてIT分野における次世代育成に注力しているが、その活動のひとつとして、ERPsimというERPシミュレーションゲームを用いた、ビジネスプロセスや技術の理解、意思決定方法の習得などの機会を提供するワークショップを開催し、学生が自身で将来のキャリアを考えるための"実世界"の視点を提供している。

ERPsimは、BATON SIMULATIONS社が開発したSAPのソリューション(SAP S/4HANA、SAP Fiori)を利用したリアルタイム経営シミュレーションゲームである。ワークショップでは、5名程度でチームを組み、CEO、営業、マーケティング、調達等の役割を決めてミネラルウォーターの販売会社を運営し、同一市場で企業間競争をし、最大利益を出したチームが優勝というルールでアクティビティを行う。企業の1日が、ワークショップでは1分で過ぎ去り、20分で、20日間のシミュレーション×3セットが繰り返される。

本ワークショップで学ぶのは、ERP(SAP S/4HANA、SAP Fiori)の操作そのものではない。

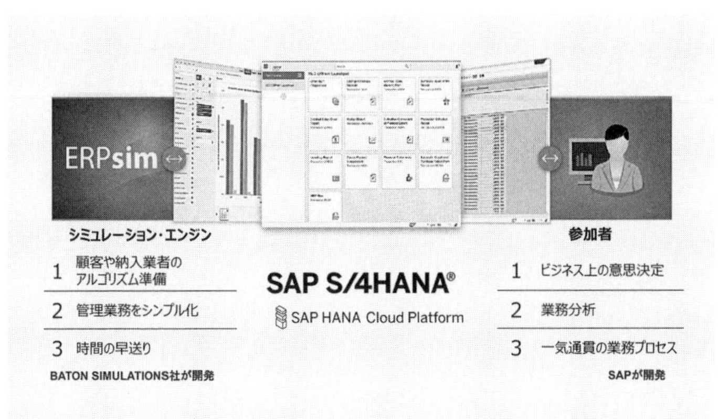

第一に学ぶのは、データ駆動型経営の意義である。企業競争においては、一元化された情報のリアルタイムの活用が重要である。参加者は、市場で何が起きているかを分析し即座に見極めることが、どのように利益を生み出し、売れ筋を踏まえた適正在庫量の確保、より購買意欲を高めるマーケティング方法などに繋がるかを体感できる。

第二は、チームワークである。参加者は役割に応じてデータ分析・判断を行うが、その際、関連部門との意識合わせが重要になる。利益が上がらない要因は複数想定され、ある役割の動きと他の役割の動きが連動するため、自身の責任範囲においてリーダーシップを発揮することや、端的なコミュニケーションによる迅速な合意形成を図ることなどが、チームとしての総合判断に必須であることを体感できる。

そして、第三に学ぶのは、戦略的思考に基づく意思決定である。他社の戦略も想像しつつ、市場に受け入れられる戦略を判断し決定することを体験できる。また、意思決定結果が、実際に総利益にどのような影響を与えたか、さらには貸借対照表や損益計算書といった詳細レベルで、どのような効果を生んだかも把握することができる。

ERPsimワークショップは、チームワークやコミュニケーションの重要性から、従来はオンサイトイベントとして開催していたが、コロナ禍への対応として、2020年はオンラインイベントとして開催された。初のオンライン開催は、東京にある桜蔭高校1年生に対して実施されたが、参加した生徒から「もう1回やりたい！」という声が多くあり、また企画を担当した教諭からは、「自身のチームの成功に向けて、生徒は集中して取り組んでいました。SAPの方がそれぞれのチームを支えてくださったので、みんながびのび楽しめたと思います」とのコメントが届いており、運営サイドとしては、高校生のキャリア形成の一端を担えていると感じている。

デジタルネイティブな学生の採用

このように、高校生に対して、デジタルの力、ビジネスの変革の速さ、身につけるべきは基礎知識に支えられた「判断力・コミュニケーション力・発想力」など、実社会のファーストステップを学べる機会を提供することで、ITを活用した企業経営に対し実感が伴う希望を抱く学生を生み出せるであろう。同時に、学生たちの希望に沿う体制が企業側には求められ、それを叶える組織や企業に優秀な学生が集まることは想像に難くない。

学生へのキャリア教育を通じたX世代の価値観への理解は、企業の将来性を高めるための人材戦略の立案に役立つといえよう。

文：SAPジャパン インダストリー・バリュー・エンジニア **横山 浩実**

03

財務経理部門は会社の主治医。視座の高さが成否の鍵

真に実現したいことは何か。トップから現場まで、心をひとつにした取り組みは、未曾有の危機を追い風に

企業活動において、「ヒト・モノ・カネ」は重要な経営資源であり、「カネ」の情報を正確に把握することは、経営の舵取りに不可欠である。

しかしいまだに多くの企業で、現状把握に膨大な時間が取られ、ビジネスの最前線のしわ寄せが、最後に数字を取りまとめる経理部門に集まり、決算ピーク時には、残業は当たり前、数字を締めるのが精一杯といった光景が見られる。

初めは、セゾン情報システムズもそんな企業の一社だった。

セゾングループの情報センターとして設立された同社は、2020年9月1日に創業50年を迎えた。「つなぐ」技術でお客様の意思決定と経営刷新をサポートするリンケージサービスをはじめとする4つのビジネスラインを持つ。しかし、これまでの道のりは、平坦なものではなかった。

2016年には、売上の半分以上をあげる重要顧客向けの大型システム開発延伸の失態により、顧客からの信用を失墜させた。大型システム開発カットオーバーに向けて邁進する一方、顧客一社に依存するビ

ジネスから、自律的に運営のできる会社への変革、事業構造の大幅な変革を余儀なくされた。

「当時、複数の大きな課題を抱えていました。だからこそ、事業構造を大きく変えなければならなかった。やることが大きく変わる。仕事のやり方もこれまでと大きく変えなければならない。結果的に働き方も変わるということで様々な取り組みを推進してきました」同社・内田和弘社長は当時をこう振り返る。

これまでのやり方を変えるために、従来の経営指標以外に、新たな指標を内田氏は要求した。様々なシステムから手作業で数字を集めてくるのには限界がある。経営推進部 財務経理チーム長・鷲尾 武氏の葛藤がはじまった。

財務経理部門を取り巻く環境

同社は改革の一環として、様々なIT投資を行い、効率的な働き方を実践していった。しかしこの流れに乗り遅れたのが、財務経理部門。決算資料のファイリングと、毎月各部署から集められる伝票・帳票などの紙類のため、決算となると部員が顔を付き合わせて業務をする状況だった。欠員が出ていても採用が思うように進まず、会計の専門家としての対応スキルを部下に身に付けさせたいと願っても、それができない。このような状況下で社長の内田氏から指摘を受けた上、さらに経営拡大による海外子会社の統制強化、多通貨、為替リスクへの対応、新たな会計ルール(IFRS)や労働基準法などの規制対応もあり、根本的な変革が必要とされた。

当時の状況を鷲尾氏はこう振り返る。

「経営からのプレッシャー、若手メンバーからの指摘。当時桁違いの効率化が必要でした。まずペーパーレス化を実施して、どこでも働ける環境を整える。そして自分たちのリソースを管理会計やIR、現場の支援など企業価値向上につなげていくことが急務で、何かしなければならない、変えなければならない。日々本当に悩んでいました」

トップとミドルの連携、現場の実力

鷲尾氏の苦悩をよそに、社長の内田氏はこう語る。

「財務経理部門は、そもそも決算書を作るのが仕事か？ 本来は、会社の主治医であるべきだ。各事業ユニットや経営陣に、事業効率が良くない、この原価率が良くないなどと提言するのが役割だ。10かかっていた決算の時間を2〜3の分量で終わらせて、その余った時間を、分析業務に回せないのか？」

そんななかで、鷲尾氏に覚醒が起きる。

「自分は、経理部門の所属になってから花見をしたことがない。経理部門でも花見ができるようにしよう。そのためにも、場所と時間、ヒトに依存しない形で、業務を回したい！」。全社会議のなかで、鷲尾氏は経理部門の変革を掲げ、起案したソリューション導入を、内田氏はすぐに承諾。2019年9月に変革プロジェクトがスタートする。採用したのはBlackLineの決算プラットフォーム。各システムから出てくるデータはSAP ERPのなかに格納され、そこから自社でソリューション提供をするDataSpiderを用いて、決算に必要なデータをBlackLineのクラウド環境に格納する。

タスクリストやステータスは、すべてBlackLine上で管理され、担当と上長のみならず、経理部員全員で共有化。作業の目的と手続きが言語化されたことで、組織知の向上に繋がった。また、これまで時間を要していた例外処理、マニュアル処理なども、やり取りのログや帳票、前伝票のデータなども添えて、勘定コードごとにBlackLineの勘定照合モジュールに格納する。

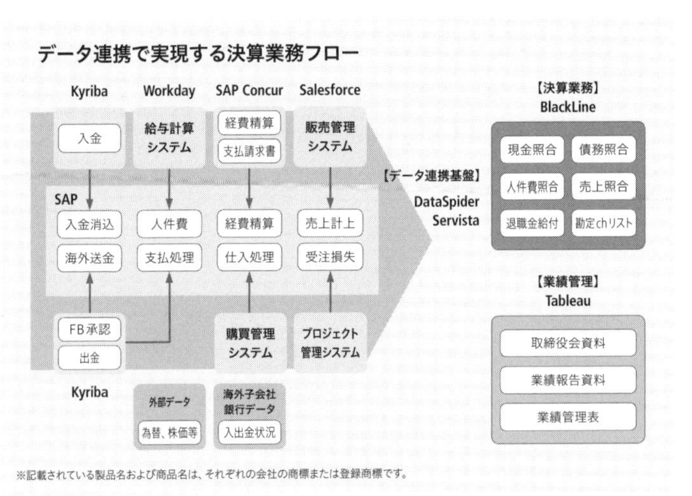

外部監査人がセルフサービスで内容確認ができる監査環境も整った。見える化と効率化、そして統制強化を同時に実現したのだ。

稼働3カ月後には、早くも具体的な効果が現れた。

- 四半期タスク数702件がすべてシステムで運用
- 四半期決算チェックリスト承認捺印408件、月次伝票承認捺印175件がすべてシステムに移行
- 自動承認科目　自動化率52%
- Phase1後 全体の約50%にあたるペーパー削減

初めての四半期決算では、ペーパーレス化と自動承認を実現。初めての年次決算では、くしくもコロナ禍対応が求められたため、完全リモート決算・リモート監査を実施した。むしろコロナ禍だったからこそ、今起きている課題をリアルタイムに把握し、積極的にお互いをサポートし、さらなる業務改善を行うという組織文化醸成に、良い効果を見せた。デジタルリモート決算が現場の進化を加速させている。

2020年度の第1四半期決算からは、他のシステムとの連携を強め、マッチング機能の拡張によりさらなる自動化の実現、また、不要な業務を見直す改善サイクルをまわすことで、当初導入後に期待していた30%の生産性向上という目標の達成も手の届くところまできている。今後は、オンプレミスで稼働中のSAP ERPから、SAP S/4HANA Cloudへの刷新をベースにした業務標準化を予定。2022年1月稼働を目標にしている。

生産性と健康を支えるテクノロジー

変革プロジェクトのなかで成否を分けるもの、それは視座の高さである。正確な決算数値を作ることが目的の、いわば検査技師としての目線、すなわち、その業務自体の効率化ではなく、決算数値をどう診断に活かすか、より良い治療につなげるか。トップの期待を背負って、主治医を目指した取り組みだったからこそ、財務経理部門の変革は、高みへと進化した。

当社は、実は様々な経営指標を持つ。この5年で社員一人あたり営業利益額は2.1倍に上がり、健康診断の再検査率は10ポイント減少。生産性を上げつつも、社員の健康度が向上しているのだ。優れた主治医たるためには、財務経理部門を含む社員の健康管理が基本。それを支えるのがテクノロジー。「ヒト」こそが最も重要であることを最後に付け加えたい。

文：ブラックライン株式会社 アドバイザー **古濱 淑子**

【ブラックライン株式会社】導入事例　株式会社セゾン情報システムズ様
https://vimeo.com/508320929

04

今はできることをやる。普段の積み重ねを生かして

不測の事態が起きても改革は止めない。そこからの学びを生かしていくための普段の行いとは

2020年初頭、新型コロナウイルス発生。日常はどうなるのか、予定していたことはどうしたらいいのか、何に気をつけたらいいのか、最新の感染状況はどうなっているのか、自分が置かれている状況は安全なのか。世界中の人々が同じ不安に駆られ、それぞれが普段の方法で情報を取りに行った。テレビで、インターネットで、SNSで。情報を発信する側の体制の違いが、情報の粒度や鮮度に違いを作った。そのことがさらに人々を不安にさせていった。

アメリカ、フロリダ州オレンジ郡にあるオーランド市。人口約20万人（東京都のひとつの区と同じような規模。渋谷区22万人、文京区22万人、荒川区21万人）、広さは261.5㎢（千葉県千葉市とほぼ同じ大きさ）。ウォルト・ディズニー・ワールド・リゾートで有名で、温暖な気候から有数の観光・保養都市である。

ここには、世界中から観光客が集まる。多くのアメリカ人が住みたいと憧れる同市でも、新型コロナウイルスへの対応を求められた。そのときオーランド市は、何をしたのか[4]。

新型コロナウイルス感染拡大前

同市では、コロナ禍以前から、行政サービスのオンライン化が検討され、推進されてきた。最初に行ったことは、全体像の把握調査だった。

調査を通じて、300のサービスがあることがわかり、その内容は、公営のプールの利用予約や、街路樹や交通の問題への対応、各種の手続きや支払いなどであった。それぞれのサービス内容を確認し、オンライン化を開始。ただ、2020年春時点でオンライン化されていたサービスは20だった。全体の1/15でしかないが、**提供すべきサービスの全体像を把握できていた**ことは、結果的に、有事に役立った。

ロックダウンによって、住民と市の担当者が直接会って会話することが困難になり、行政サービスのオンライン化の必要性が急激に高まるなか、イノベーション部長・Matt Broffmanは、危機に際して「**使えるものを使う**」方針を立てた。新たに導入するのではなく、使えるものでオンライン化を一気に進めようとしたのだ。

明確に方針として打ち出したことで、市の職員にとっては仕事を進めやすかったに違いない。例えば、移動の制限が生じるなかで現地調査が必要な行政サービスには、Microsoft Teamsのビデオ通話の機能と

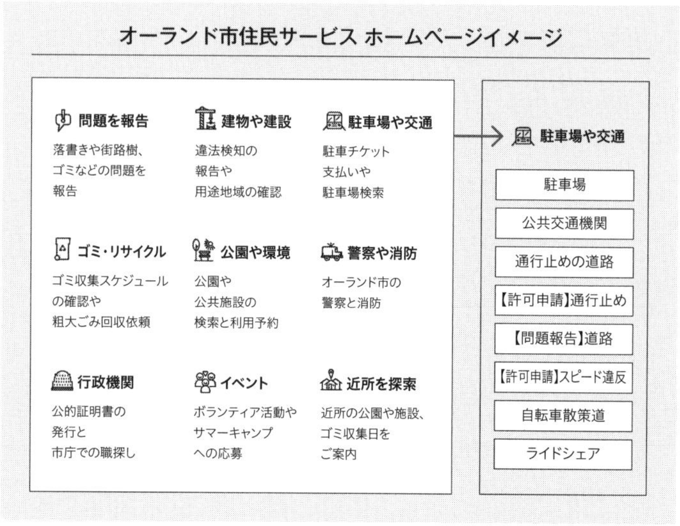

オーランド市住民サービス ホームページイメージ

問題を報告
落書きや街路樹、ゴミなどの問題を報告

建物や建設
違法検知の報告や用途地域の確認

駐車場や交通
駐車チケット支払いや駐車場検索

ゴミ・リサイクル
ゴミ収集スケジュールの確認や粗大ごみ回収依頼

公園や環境
公園や公共施設の検索と利用予約

警察や消防
オーランド市の警察と消防

行政機関
公的証明書の発行と市庁での職探し

イベント
ボランティア活動やサマーキャンプへの応募

近所を探索
近所の公園や施設、ゴミ収集日をご案内

→ **駐車場や交通**
- 駐車場
- 公共交通機関
- 通行止めの道路
- 【許可申請】通行止め
- 【問題報告】道路
- 【許可申請】スピード違反
- 自転車散策道
- ライドシェア

スマートフォンを使った。調査対象の地域の近くにいる職員や契約職員がビデオ中継を行い、行政担当者は役所や自宅からそのビデオ中継を見ながら必要な調査を行っている。電子署名への対応には、もともと持っていたAdobe PDFのライセンスで利用できるAdobe Signを活用した。

危機に煽られるように迅速にオンライン化を進め、結局、ほぼすべての市民向け行政サービスがオンライン化された(!)。

「重要なのは、完璧を求めることではなく、成すべきことを成すことです。私たちは新型コロナウィルスの危機を通じて俊敏になりました」(オーランド市 イノベーション部長 Matt Broffman)

市民の声に耳を傾け継続改善

300もの行政サービスをオンライン化することは、行政側にとっても、市民にとっても、初めての試みだった。最初から完璧なものができているはずがない。だからこそオーランド市は、市民の信頼を得られるサービスとなっているのかどうかを念頭に置いて、リアルタイムに耳を傾ける、それを続けることでの改善の道を選んだ。

同市は、市民の声を把握するためにQualtricsソリューションを利用。サービスの提供都度、市民に対してサーベイを行っている。全般的に現在の行政サービスは市民に受け入れられており、5点満点中の4.3点を獲得している。しかし、ある時期に特定の分野では、2.0点まで下がることがあった。急激な低下

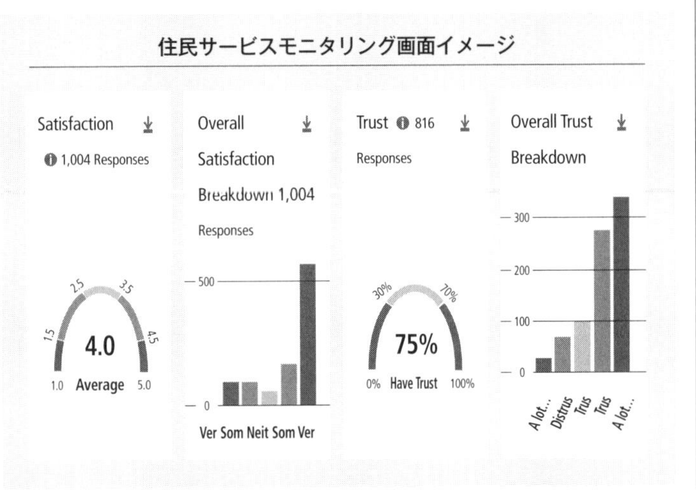

が起きた際には、即座に原因分析を行う。そして、「市からの連絡Eメールがスパム扱いされることでやり取りが途切れてしまう」という問題が起きていたことを突き止め、対策を取った。また、公園予約サービスの利用者満足度が低いことを発見したときには、使いやすくすることで満足度を45%向上させた。

サービス改善に活用される同市のサーベイ。実はひとつ工夫がある。市民に各サービスの満足度を回答してもらうだけでなく、毎回、同市に対する信頼についても聞いている。市に対する信頼感と各種のサービスの品質の相関がわかり、どのサービスを重点的に改善すべきかがわかるようになっている。

「継続的なサーベイは、問題を早期に発見する効果だけでなく、常に市民の声に耳を傾け、市民を中心に考えていると示すことにも繋がります」(オーランド市 デジタルプロダクトマネジャー Vicky Bellissimo)

新型コロナウイルスは、市民の生活だけでなく、市で働く職員の職場環境も大きく変化させた。リモートで在宅勤務をする人、現地に行く必要がある人など、それぞれの人が事情を抱え、そのなかで職務を継続する。同市は、働いている人が元気か、家族は元気か、仕事に支障はないか、どのような助けが必要かなど、サーベイで声を聞き、職員向けサービスを改善に繋げている。さらに職員の満足度と、市民の信頼・満足度の関係性についても分析している。

新型コロナウイルス対応にフォーカス

行政サービスのオンライン化を進めながら、市民への新型コロナウイルス対策の支援も行う。ここでも「使えるものを使う」の考えで、すでに利用していたQualtricsソリューションを活用した。

1. 新型コロナウイルスの罹患リスク自己診断サービス
2. 罹患リスクが高い際の検査の予約サービス
3. 本人の許諾を得た上で接触者追跡サービス

2020年夏時点で、市民は、Web上でアンケートに答える形で罹患リスクを把握でき、必要に応じて検査の予約し、許諾に応じて接触者追跡のための情報提供を行うことが可能だ。

「今回の新型コロナウイルスは結果としては機会としても捉えられます。とかく動きの遅くなりやすい役所が一気に変革を進める契機となりました」

（オーランド市 イノベーション部長 Matt Broffman）

2021年2月、今もって世界的な新型コロナウイルス感染は終息の兆しを見せていない。オーランド市の状況も日々変わっているだろう。それでも、やれることをやっていくしかない。私たちは生きている。いつかそのことが未来に向かう糧になるはずだ。

文：SAPジャパン センター・オブ・エクセレンス **桃木 継之助**

05

経験を価値に！ Experience to Value

不測の事態が、状況をシンプルにした。学びを生かして将来の熱狂を創ろう

スポーツビジネスには、3種類のステークホルダーがいるといえるだろう。3種類とは、「行う人」「観る人」「支える人」である。

「行う人」は競技を行う選手、「観る人」は観客、サポーター、「支える人」はチームや選手をスポンサーとして支える企業や試合運営を手伝うボランティアスタッフである。これらのステークホルダーがお互いに協力し合いながら、そのスポーツリーグやクラブ、選手の価値を上げていくことが、競技全体の活性化に繋がるといわれている。

コロナ禍によって、スポーツビジネスも例外なく大きな影響を受けた。例えば、サッカー「Jリーグ」。2020年2月に開幕はしたが、4カ月間リーグが中断し、7月からは観客を入れた試合を再開、その後、最大収容人数の制限緩和などを経て、途中、一部選手やスタッフの感染はあったが、無事にシーズンを終了した。

かつて経験したことのない状況で、プレーをする選手やサービス提供者、観戦に行くファンのエクスペリエンスを通して見えてきたことがある。

選手・コーチのエクスペリエンス

「行う人」について、女子テニスの競技団体であるWTA（Women's Tennis Association）が、選手やコーチに対して行ったサーベイがある[5]。

テニスのトーナメントは、日常的に世界中で開催されているため、選手やコーチは世界中を移動してトーナメントに参加しなければならないという特有の背景がある。コロナ禍では、選手が連続してトーナメントに参加する場合のプロトコルや検査方法の確立など、数多くの新たな課題が立ちはだかった。トーナメントが再開される前に、WTAはテクノロジーを活用して選手とコーチの意向をリアルタイムに把握した上で、トーナメント再開に向けて理想的な環境を整えたいと考えていた。そのためにWTAは、選手、コーチから広範な意見を収集するために、SAPが買収したQualtrics社のテクノロジーを活用する。この取り組みは、選手とコーチの貴重なフィードバックを集めて、WTAが独自の課題を解決するに際して、選手とコーチを将来にわたり支援するためのものだった。

WTA会長のミッキー・ローラー（Micky Lawler）氏は、次のように語る。

「スマートフォンやソーシャルメディアが多用される今日では、フィードバックを文書にするのはかつてないほど簡単になりました。Qualtrics社のテクノロジーが実現する応答性の高さを活かし、重要な知見を把握し活用することができます」

困難な状況において、WTAのトーナメント再開までのプロセスは、選手やコーチの気持ちに寄り添い、不安を解消しトーナメントを再開するという非常に良い取り組みであったといえる。選手から得られたフィードバックでは、68%もの選手が、5カ月に及ぶツアー中断の後で、コートに戻る2つの原動力のひとつとして「試合に対する情熱」を挙げている。その一方、トーナメントを無観客で開催されているなかで最も物足りない要素として、「雰囲気」「活気」「声援」が挙げられている。

観客のエクスペリエンス

「雰囲気」「活気」「声援」を生み出す「観る人」は、日本プロサッカーリーグ(Jリーグ)の取り組みから考察していきたい。

Jリーグでも、観戦体験調査の一環として、WTAと同じくQualtricsを利用しているが、もともとは観戦体験の価値向上に向けた取り組みのために利用していた。カスタマーからファンへの昇華を狙い、3回来てもらうための「観戦体験の向上」を推進し、観戦体験を向上するために推奨意向、勧誘意向、顧客満足度を測定し、打ち手のモデルを構築するためである。

Jリーグでは、年間3回以上スタジアムに来場する人を「ファン」と定義づけているが、コロナ禍で行われた2020年シーズンの結果は、2019年シーズンの来場回数が1～2回だったライト層の来場者の64%だったが、2020年シーズンではスタジアムに一度も来場しなかったことがわかっている[6]。この劇的な変化の原因は、実際にスタジアムに来場した観客に対するQualtricsを使ったアンケート結果で明白にわかる。ライト層の来場者は、「一部のヘビー層ファンの応援マナー」や「スタジアム内での距離感」に大きな不安を持っていることがわかった。

サッカーの応援といえば、チャントという応援歌を皆で歌い、チームを鼓舞するというのが一般的なスタイルだが、従来の応援は飛沫感染の危険もあり禁止されている。飛沫感染を招きかねない応援を見たり、さらにSNSでの報告があると、来場者のスタジアムへの足は遠のくということがわかっている。

Qualtricsを使った観客の不安を把握し分析することで、定期的に開催されるホームゲームでの運営の改善に貢献できていたのではないだろうか。

スポーツでは入場料収入、放映権料収入、商業収入が3つの収益の柱となっている。競技やリーグ、チームにより比率は異なるが、多くの場合、入場料収入の比率が最も少ない。現時点でパンデミックがどのように収束していくのかはわからない。今後数万人がスタジアムに集まり、応援をする機会が訪れるのは、かなり先になるかもしれない。しかし、そうなればスタジアムで試合観戦するということがより高い価値になる、という考え方も出てくる。

支える人のエクスペリエンス

「支える人」については、スイスに拠点を置くDAIMANIの取り組みが興味深い[7]。同社は、企業や個人の顧客に対してスポーツやコンサートでのVIP体験を世界中で提供する、世界初のマーケットプレイスを提供する。同社は、「既存顧客のリテンションを高め」「顧客増加のために販売チャネルを増やし」「旅行やホテルなどの追加サービスによる収益の増加」という3つの成長ステップを描くなかで、ホスピタリティ商品の検索・購買体験を完全にデジタル化することと顧客の全体像を可視化することとが大きな差別化になると考え、SAPのCustomer ExperienceソリューションおよびSAP S/4HANAを導入した。同社のCEOであるMax Mueller氏は、「カスタマーエクスペリエンスは唯一無二の指標で、お客様の声に耳を傾けることが最も重要です。そのために、何を改善するかを測定して、把握するためには、どのようにすべきかと考えました」と明かす。

DAIMANIは、オンラインでのVIP・ホスピタリティ関連の売上はわずか0.5%に留まり、従来型のプロセスに大きな不満を感じているという分析結果を基に、

完全なデジタル化へと舵を切った。ただ、同社自身もコロナ禍ではライブイベントが乏しいことから、有名男子テニスプレーヤーのようなスターとのオンラインミーティングを含む仮想イベントの企画・販売を行う。やはり、ビジネスの根幹は実際のリアルな場でのVIP体験の提供だろう。特別な体験を提供している企業だからこそ、商品開発のため顧客の声に真摯に耳を傾ける必要があることを示唆している。

リアルな会場で試合を観戦することがより高い価値になろうとしているなか、付加価値の高いサービスを提供する同社の顧客に寄り添った取り組みが、コロナ禍で苦しむスポーツ業界を救うことに繋がるかもしれない。

スポーツにおいて最も基本的なのは試合が開催されることであり、スタジアムやアリーナに集まる人々が生み出す熱狂ではないか。「行う人」「観る人」「支える人」が抱える不安を払拭し、顧客のニーズを正確かつリアルタイムに把握し、適切にオンライン・オフラインを使い分けてサービスを提供していくことが、これからのスポーツビジネスにとって、より重要になってくる。不安が払拭された後、スタジアムに集まるのを待ちかねたファンには、今までになかった熱狂を。感染症以外の理由でスタジアムに集まれない人たちを新たな「観る人」に。

コロナ禍での経験を学びにすることで、スポーツのさらなる盛り上がりを願ってやまない。

文：SAPジャパン エンタープライズ・アーキテクト **佐宗 龍**

06

個々の意志と自律的な行動。それを促すSAPの組織作り

危機に瀕したからこそ実力がわかる。その実力をさらに進化させていくことを目指して

2020年3月、世界保健機関（WHO）は新型コロナウイルスの世界的な感染拡大について「パンデミック」を宣言。それ以降、SAPではグローバル・パンデミック・タスクフォースが全世界に対するイニシアチブを取り、2020年末までの在宅勤務の徹底や海外出張の制限、大規模イベントの中止などの方針を次々と決めた。また前年に買収したQualtrics社のソリューションを活用したリモートワーク・パルスサーベイが、4半期に1度の頻度で実施された。

社員が今どのような気分で過ごしているか、目下の課題は何かなどを定期的に調査し、社員から挙がった声には即時に対応していった。

【第1回－2020年3月】

- 「気分は優れている」と感じる社員が44%
- 在宅勤務に支障がないと感じる社員が40%
- 会社から頻度高く情報発信を求めている社員が75%
- SAPのアクション／グローバル本社や各国のリーダーがバーチャルコミュニケーションツールにより、親しみのあるコミュニケーションを頻度高く実

施（自宅での過ごし方の公開、カジュアルなオンラインミーティング開催など）

【第2回－2020年4月】

- 「気分は優れている」と感じる社員が51%
- キャパシティを超えて仕事をしていると感じる社員が50%
- 頻度の高いコミュニケーションをポジティブに感じているが、求めているのはより経営戦略的な情報である社員が88%
- SAPのアクション／休暇取得の奨励、ミーティングを10分前に終了し、次のミーティングまでに休息を取ることを推奨（スケジュール管理ツールによる自動設定）

【第3回－2020年6月】

- 「気分は優れている」と感じる社員が54%
- 記述式のコメント欄に、在宅勤務の環境に満足していない旨のコメント多数
- SAPのアクション／ディスプレイや椅子などのオフィス機器の貸し出し

【第4回－2020年10月】

- 「気分は優れている」と感じる社員が53%
- 効果的に働くために必要なものはすべて揃っていると感じる社員が78%
- バーチャル環境下でも仲間と協働できると感じる社員が77%
- SAPのアクション／新しい働き方、新しいリーダーシップの在り方、新たに必要とされるスキルなど、コロナウイルス収束後を見据えた議論を開始

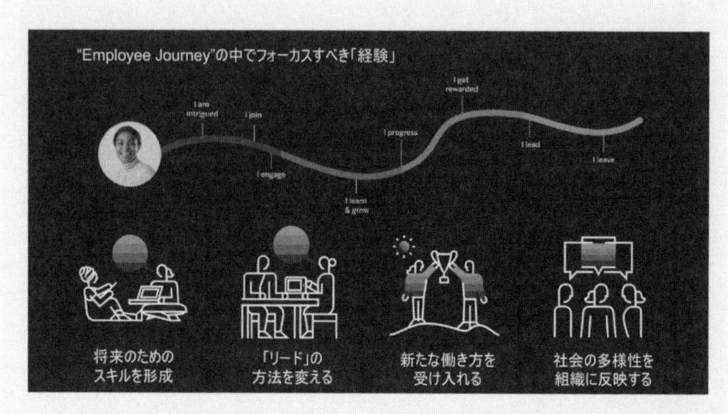

サーベイの結果はダッシュボード化され、ビジネスリーダーや人事部門はいつでも閲覧可能であり、グローバルまたは各国レベルで実践したケースもサイト上で共有できるようになっている。サーベイ結果への対応はどれも対処療法的に見えるが、挙げられた声に即座に反応して問題を解決することにこそ意味があった。結果として、毎年実施している従業員調査の「エンゲージメント指数（どれだけ会社を信頼しているか、会社に貢献したいと考えているかなど、会社に対する愛着を表す指数）」はグローバルレベルでパンデミック前より3ポイント上昇した。

不測の事態においても、会社として顧客第一のスタンスを貫くためには、SAPの価値の源泉である社員の声を聞き、物理的かつ精神的な意味で安心して働ける環境を整えることが何よりも優先される。また、会社の状況やビジネスに関わる情報は、たとえネガティブなものであっても速やかに社員と共有し、透明性を担保する。こうして、会社と社員の間の信頼関係を強固なものにすると、事態収束後に向けたネクストアクションの話が可能になる。今回の経験の発端は誰も望んだものではなかったが、不確実性が高まる経営環境に過度に影響されることなく、企業価値を提供しつづけるためには何が必要なのか、実践的な“学び”の機会であったと今は思える。

「連携」と「自立」で不測の事態に対処

振り返れば、3月の全社的な在宅勤務開始以降も、業務そのものには特段大きな支障はなく、社員一人ひとりにとっては“通常運転モード”だった。これは、かねてより、ほとんどの社内業務プロセスの標準化・オンライン化が進んでいたこと、また、オペレーション機能がグローバルレベルで集約されており、いざというときには中央コントロールが可能な状態となっていたことが大きかったと考える。

通常、グローバルなマトリックス組織では、組織の横軸(国・地域)や縦軸(部門)と連携しながら仕事をしなくてはならない。何かの承認を得るにしても関係者との連携が必要なので、コミュニケーションの段取りや手間に煩わされることも多い。また、オペレーション機能の集約は、場所や時間に捕らわれることなく、全世界で同質のサポートを受けることができるという点でメリットがある一方、個別の事象に対する柔軟性に欠くというデメリットもある。こうした体制で仕事をすることは、実は決して楽ではないのだが、今回のような世界規模での危機に直面すると、国や地域を超えたひとつの組織としての底力をまざまざと実感した。各国がそれぞれ目前の課題に対処している間も社内のオペレーションが止まることはなく、本社では翌年の戦略に向けた準備がはじまっている。グローバル経営のための体制や基盤の強みが活きていることをリアルに感じる。

個々の社員に関しても、長期の在宅勤務に対する大きな混乱はなく仕事を続けることができた。むしろ移動時間がない分、これまで以上にミーティングや作業に割ける時間が増え、オーバーワーク気味になっていることがサーベイでわかったほどだ。個々の社員が担う職務が明確であり、その職務の定義が明文化されており、かつ、達成すべき業務目標も明文化、KPI化されているがゆえに、ついつい集中してしまいがちになるのだ。個々の社員は自身のミッションやタスクを理解しているため、環境が変わり、近くにマネージャーがいなくても自身の意志と判断で働いている。在宅勤務主体になって特にマネージャーが心がけたことは、個々の社員のプライベートな状況、例えば、小さな子供やケアが必要な家族がいるかどうかなどを理解し、業務分担に配慮すること、バーチャルでのコミュニケーションでは、より共感力を持って部下と接することなどである。

SAPでは、3年前から、パフォーマンスマネジメントの手法としてレーティング（点数をつけること）を廃し、対話を通じて社員の能力ややる気を引き出す「SAP Talk」を導入している。マネージャーは、部下の業務目標と成長目標を共有し、継続的な1対1のコミュニケーションを通じて目標達成をサポートする。重要なことは、心理的安全性の担保、共感力、信頼関係の構築などであるが、図らずもコロナ禍ではこの手法の有効性が際立つこととなった。

人が人らしくあるための組織作り

2020年の経験から私自身が感じたことは、今後ますます不確実性が加速する状況下において、いかに価値を出し続けるかということである。変化に適応しながら、柔軟に、自律的に働きたいと思う。また、大きな変化に対しては個の力だけでは、時として無力なことも実感した。何かあれば互いに助け合うことができるような関係性を、周囲の人々や社会と作っていくことも必要であると再認識した。

これは企業組織の在り方にも通じるのではないか。人は意志を持っているので管理することは難しい。むしろ個々の意志に着目し、信頼し、自律的な行動を促すことにより、柔軟で、かつ強い組織が形成されるのではないか。それを支える手段としてのテクノロジーが有効であることも改めて経験した。「人が人らしくあるための組織作り」という重要なテーマに、これからもチャレンジしていきたい。

文：SAPジャパン 人事本部 HRビジネスパートナー・リード **石山 恵里子**

07

不確実な時代にこそ、企業がなすべきこと

不確実化の状況下で、従業員に寄り添うこと。エンゲージメント戦略は事業継続上の重要経営課題！

ニューヨークを本拠地として、世界の主要都市で幅広い金融サービスを提供している米金融大手ゴールドマン・サックス。CEOのデービッド・ソロモン氏が掲げてきたイニシアチブが「One Goldman Sachs」である。彼は、CEO就任後の投資家向け説明会で、新しいゴールドマン・サックスは、透明性、長期的な成長、そしてクライアントを最優先にすることに力を注いでいると語った。この「One Goldman Sachs」をさらに全社へ浸透、維持するため、従業員のエクスペリエンスをベースに、既存・新規事業のボトム収益向上を図るという一風変った取り組みにチャレンジした[8]。

同社が従業員との関係性を再設計しようと決意した際に、世界各国で日々変動するマーケットや顧客からの期待値に対し、チームで向き合い続ける従業員に、今まで以上に深く寄り添い、常に変化する職場環境、様々な感情をダイナミックに分析・予測し、統合的かつ透過的にカバーし、それを事業に反映するシステムとはどのようなものなのか。

人事部門は、この戦略に見合うデータ主導型ソリューションを探す必要があった。そこで同社のタレ

ント・アセスメント・グローバルヘッドの目に留まったのが、従業員の気持ちを理解するための革新的で事実に基づくデータアプローチ型ソリューションであるQualtrics® EmployeeXMだった。

過去にも従業員サーベイツール自体はいくつか試していたが、世界各国の第一線で活躍するすべての従業員の声を適切なタイミングで収集し、些細な変化も的確に捉え、Actionable Insights（行動に繋がる示唆・見識）までワンストップで提供されているエンタープライズ・レベルのグローバル・プラットフォームはQualtricsしかなかった。今では、人事部門主導で従業員に最高のエクスペリエンスを提供し続け、最高の結果が得られるよう、各部門のマネジャーを育成することにも成功している。

インタビュー記事からのインサイト[9]。

Q▶事業収益向上のために従業員のエクスペリエンスを向上させることは驚くべき戦略ですが、ゴールドマン・サックスがこのような戦略にチャレンジしたのはなぜですか？

A▶これまで以上に、エクスペリエンスエコノミーが浸透しだして、従業員エクスペリエンスが、優秀な人材を惹きつける仕組みから、リテンション・人材能力開発などにも拡がり、ますます繋がりのある形で事業を推進し、自身のエクスペリエンスを社内外の仲間とも共有・比較したいと考えはじめたからです。また、従業員に最高のエクスペリエンスを提供することは、企業の成功にとって重要であり、職場で働く従業員に充実した質の高いエクスペリエンスを提供することは企業側の責任でもあります。

Q▶なぜゴールドマン・サックスは今、従業員エクスペリエンス管理への投資を選択したのですか？ 何が変わったのですか？

A▶パワーバランスは雇用主から従業員にシフトし、従業員は職場でのエクスペリエンスと、実際の担当業務で得られる充実感に対し、より高い期待を抱き、従業員にそれらを与え続けられないと、いずれ退職されてしまいかねません。

Q▶簡単な調査ツールではなく、SAPのエクスペリエンス管理ソリューション、Qualtricsを使用することにしたのはなぜですか？

A▶テクノロジーなくして従業員のエクスペリエンスをスケールしながら理解する方法は困難です。従業員に対し魅力的で簡単な方法でフィードバックを得る仕組みが必要で、同様に様々なグループで利活用でき、そのデータが透過的にレポート集計できるという要件があるからです。もともと私たちはデータ主導の企業であり、Qualtricsソリューションは変化を推進するために多くのデータを提供してくれます。もちろん他のソリューションも検討しましたが、Qualtrics社が私たちのためにデモを行ったとき、私たちのニーズを満たすだけでなく、予想もしない便利な機能を備えていて、本当に感動しました。

Q▶エクスペリエンス管理ソフトウェアは、ビジネスにどの

ような方法で影響を与えましたか？

A ▶福利厚生に関する重要な意思決定を行う方法が改善され、将来のヘルスケア、福利厚生への取り組みに関する可能性についてフィードバックが得られました。これらは、全社員とその家族にも影響を与えていましたが、新たな意思決定を推進するための重要なデータ要素が欠けていました。従業員から選択された企業（雇用主）として考えたとき、従業員にとって働く上で最も重要なことを理解するのに役立つサーベイを設計し即実施しました。また、以前は、他企業のベンチマークデータと費用便益分析を組み合わせて戦略を決定していましたが、今では従業員の声（質的・量的）、フィードバックも考慮できるようになりました。これはビジネス、従業員、およびその家族に実際に影響を与えています。

Q ▶従業員エクスペリエンスの提供をどのように拡大したかについて詳しく教えてください。

A ▶Qualtricsソリューションをオンボードすると同時に、人事担当者が企業全体で簡単に使用できるように、Center of Excellence for Survey Designチームを立ち上げ、ユーザへのアドバイザリーサービスやサーベイ作成方法に関する解説シートの提供、サーベイ品質を維持し、質の高いサービスを提供しています。人事部が1～2時間で即フィードバックを得られる仕組み作りに役立てたのです。また、大きなイニシアチブの場合、プロジェクトチームと協力してサーベイを共同設計し、結果を分析する方法を理解し、他にどのようなデータを組み合わせるか、その情報をマーケティングおよびコミュニケーションにどう活かすかなども支援しています。

Q▸今後のビジョンは何ですか？

A▸非常に軽いタッチ・簡単な方法で、従業員の気持ちや職場でのエクスペリエンスをより良く把握し、分析を通じて従業員のエクスペリエンス低下とその原因をさらに深く理解し、その結果、より迅速に問題解決ができるようになることを目指しています。そうすることで、継続的かつリアルタイムに変化を捉え、従業員のエクスペリエンスを改善するために役立つインサイトを収集できます。さらに各マネジャーが自分のチーム内で何が起こっているのかを理解し、彼らがより優れたリーダーになる支援ができるようにしたいと考えています。以前は、マネジャーはチームメンバーからの回答を得るためにあまりにも長く待たなければなりませんでしたが、今では非常に迅速にデータを収集し、ダッシュボードをオンにして、かつてない方法でデータを探索できるようになりました。これは革命的なことです。

2020年6月、「外資主導在宅で大口取引—IT活用国内証券後じん」というニュースが報じられた[10]。コロナ禍における国内最大規模の大口取引を主導したのは、デジタル技術をフル活用し、グローバルな営業チーム力を最大限に活かしたゴールドマン・サックスだった。

彼らは、いかなる状況でも自社の成長を継続させるため、経営資源の核である従業員に徹底的に寄り添うという仕組みのなかで、以前から世界中で働く約3万8,000名(2019年現在)のパルスサーベイを定着させ、リモートワーク環境も整備していた。その結果、この不安定な経営環境のなかでも、あらゆる変化に対し迅速かつ柔軟に対応し、従業員とともにさらなる成長を遂げようとしている。

日本では、未曾有の危機下でも周囲の様子を伺い、今をなんとかやり過ごせれば良いという姿勢の企業が多いのではないか。これまで各業界をリードしてきた経営者の方々には、日本企業の本来持つ強みを活かしつつ、不確実な時代でも持続可能かつ成長し続けるための変革に向けて踏み出していただきたい。経営資源の核である従業員に寄り添う仕組み作りから企業変革の道標を発見できる可能性を、ゴールドマン・サックスが示してくれている。

STOP THINKING ABOUT WHAT YOU WANT YOUR EMPLOYEES TO DO...

「従業員に何をしてほしいかについて考えるのはやめましょう」

START THINKING ABOUT WHAT YOUR EMPLOYEES WANT TO DO...

「あなたの従業員が何をしたいのかについて考えはじめてください」

(2019年3月にソルトレイクシティーで開催されたQualtrics社の年次イベント「X4 Experience Management Summit」のなかでのゴールドマン・サックス社Dane Holmes氏の発言より)

文:SAPジャパン インダストリー・バリュー・エンジニア **前園 曙宏**

あとがき

「Learn from yesterday, live for today, hope for tomorrow. The important thing is not to stop questioning.」

（過去から学ぼう。今日を生きよう。明日に希望を持とう。大切なのは何も疑問を持たない状態にならないことだ）

―― Albert Einstein

タイトルのモチーフに気づかれて、この本を手にされた方もいらっしゃると思います。

どんなときでも立ち止まって考えさせてくれるこの名言を、タイトルに使いたいと考えました。

前著『Beyond 2025』上梓後の私たちの活動をこの名言に準えて振り返り、新たな未来に繋げることにいたします。

Learn from yesterday

実は私たちは、『Beyond 2025』を執筆している最中から、上梓後には本のテーマや一つひとつのコンテンツを深掘りするWebinarを開催したいと考えていました。しかし、上梓直後の2020年3月には新型コロナウイルス感染拡大防止のためにリアルイベントが凍結され、代わりに数々のオンラインイベントが瞬く間に立ち上がり、弊社でも主要なマーケティングイベントのオンライン開催が優先されたために、暖めていたWebinar企画を実現することが難しくなり、悔しい思いをしました。

一方で、たとえ実施しても、あまりに多くのオンラインイベントのなかで埋もれてしまうのは、もっと悔しいだろうと想像しました。そうこうするうちに、急増したオンラインイベントに参加した人々の声を聞きました。オンラインイベントは、参加登録してあれば後からでも視聴可能です。しかし、本当に期待に沿った内容かどうかの判別の難しさや、録画されているなかで受け手にとって重要な箇所に行き着くまでの不便さがあります。リモートで参加できる容易さはありますが、リアルイベントと比べてしまうと、手軽な分、残念ながら参加した実感も手元に残るものも乏しいと感じてしまうのです。

そこで、改めて私たちは気づきました。書籍ならば、受け手の手元で、必要なタイミングで、必要な情報にアクセスできます。受け手の印象に頼りがちな映像よりも、文字によって送り手と受け手の間の認識の齟齬を防ぐことができます。人間にとって最も基本的なコミュニケーションツールである文字。突然起きた、経験したことがない状況下では、慣れ親しんでいる文字情報に接することで、大きな安心感を得られるのでした。しかも幸運なことに、私たちは『Beyond 2025』執筆を通じて、文字による情報の送り手としてのスキルを磨いていました。

ならば、私たちは私たちの方法で発信していこう。再始動したのは2020年の緊急事態宣言が明けた頃でした。

Live for today

新たな本を創ろう――『Beyond 2025』で描いた未来は

近くなり、日本でもデジタル技術を活用した取り組みが、すでにはじまっていることを伝える本を。しかし、世界は一変したことを、私たちはすぐに思い知ることになります。

かつて『Beyond 2025』のためのコンテンツを貯めていた頃は、各人が執筆するためのネタに困ることはありませんでした。四半期ごとのブログの編集企画をする際、執筆メンバー全員分のネタは2、3日で集まりました。しかし、昨年夏以降、SAPグローバルのマーケティング部門や海外のオフィスから配信されるコンテンツは、めっきり数が減っていきました。配信されても、コロナ禍を耐え忍んでいる内容が多く、未来を予感させるコンテンツに仕立てるにはあまりにもスタミナが必要でした。結局、ネタの収集には1カ月以上を費やしました。それでも、時間をかけただけの価値はあったのです。過去にはあまり名前の上がらなかった「新興国」を含む国々から、目覚ましい取り組みが見出されました。デンマーク、オーストラリア、中国、南アフリカ、ロシア、インド、メキシコ、フィリピン（東南アジア全域）、イタリア&UAE。それぞれ課題を抱えながらも、Disrupt（破壊）しなければならない過去の負債がない国々から、未来がはじまっていると感じました。

夏が終わる頃には、前著のあとがきで宣言した通り、未来を見据えた日本企業の取り組み事例の収集も開始。確たるビジョンに則ってデジタル技術を活用し、Purpose Led（目的主導）で、稼働済みで、海外からも注目を浴びること必至な取り組みを集めることが容易でなく、日本のお客様に対するこれまでの私たちの力不足を反省しました。

34本のコンテンツが揃ったのは、2020年11月。総勢21名の執筆メンバーが集いました。もちろんリアルな集いは一度もなく、Microsoft Teams上の集いです。全員参加のオンラインミーティングは一度も開催せず、投稿やチャットをフル活用することで、関係者間の知見をいつでも文字で共有できるスタイルを貫きました。前著出版のちょうど1年後に出版したいという監修者の拘りで立てたスケジュールに沿って、プロフェッショナルなメンバー全員が、本来のコンサルティング活動や営業活動に上乗せされた執筆やレビューにもかかわらず、締め切り前倒しで高品質のコンテンツを創っていきました。

Hope for tomorrow

本書『Hope for tomorrow』では、『Beyond 2025』で描いた未来像が、たった1年で現実になりつつあることを紹介しています。進化を比較しやすいように、同じ章立て、同じ総コンテンツ数です。取り組みは、すべてクラウドベース。しかもこの1年で、様々な業務領域での取り組みがより具体的になり、格段に変革が進んでいます。この方向性、このスピード感がグローバルスタンダードと心得ることが二極分化した世界を生き抜く条件といえるでしょう。

一方、「第1章 地球へのまなざし」では、『Beyond 2025』でも『Hope for tomorrow』でも、これといったアメリカの取り組みを載せられなかったことに、政権の影響の大きさを感じました。2021年1月、気候変動対策に総力戦の布陣で臨むバイデン大統領は、就任初日に「パリ協定」に復帰。超大国が大きく方向性を変えたことで、世界全体の動向への変化を期待せずにはいられません。

自ずと、私たちにも何ができるかを考えさせられます。無論、私たちはオンラインイベントをことさら避けるつもりはなく、例えば、受け手と送り手で同じ本を手にしたオンライン読書会で意見交換できたら、新たな未来が見えてくるかもしれないと思っています。

The important thing is…

この30年ほどで世界経済における日本の位置が大きく変わってしまい、日本が貢献できる分野が減ってしまったことは残念ながら事実です。しかもこの30年間を経験し、今責任ある立場の人々がそれを甘受してしまうと、日本の若者が未来に向けて経験を積む機会を奪ってしまいかねません。それを嫌う若者が出てきても不思議でなく、私たちが発信する情報はそれを助長するかもしれませんが、決して悪いことではないと考えています。私たちは、もはや世界とか日本とかの枠組みを外した思考を心がけています。その上で、日本語で発信することの意義を常に考えています。

本書の執筆・編集においては、前著以上にプレジデント社の金久保 徹氏に大変お世話になりました。ご尽力に深く感謝申し上げます。今回、日本企業の先進的取り組みのリアリティーをご紹介するために、お客様の

Purpose Ledな変革を実際に支援されている、SAPジャパンパートナー企業の精鋭の皆様に執筆メンバーとして加わっていただきました。日本アイ・ビー・エム株式会社・佐藤俊様、アビームコンサルティング株式会社・今野愛美様、株式会社クニエ・海野晋也様、株式会社ランドログ・明石宗一郎様、ブラックライン株式会社・古濱淑子様には、短期間のタフな執筆にご協力いただいたこと、深く感謝申し上げます。

また、本書企画をサポートし、支援してくれたSAPジャパン社長の鈴木洋史、執行役員の大我猛、このような時期だからこそのWritten Mediaの重要性を尊重し、いち早く応援してくれたインダストリー・バリュー・エンジニアリング統括本部長の森川衡、新次元のパートナーエコシステム業務処理案を考え出してくれたマーケティング本部長の重政香葉子、他にも多くの上司、同僚から協力を得ました。深く感謝いたします。

そして、SAPジャパンが誇るThought Leadersとして結集し、それぞれの担当領域の未来に向けた力強いメッセージを形にしてくれた仲間たち、土屋貴広、古澤昌宏、竹川直樹、東良太、柳浦健一郎、田積まどか、前園曙宏、久松正和、桃木継之助、山﨑秀一、太田智、福岡浩二、佐宗龍、横山浩実、石山恵里子に、心からの感謝を伝えたいと思います。

2021年3月吉日

SAPジャパン　松井昌代

執筆者プロフィール（掲載順）

松井昌代

（SAPジャパン インダストリー・バリュー・エンジニア）

外資系コンサルティング会社を経て2013年SAPジャパン入社。社会課題を解決する取り組みを支援する傍ら、様々な業界知見を基にIndustry Thought Leadership推進活動に従事。本書の監修、序章、各章プロローグ、第3章04、第4章03、07、あとがきを担当。

土屋貴広

（SAPジャパン インダストリー・バリュー・エンジニア）

2002年にSAPジャパン入社後、多くの非製造業顧客の変革を支援した経験を基に、商社・小売業・建設業を軸に、特定業界に特化しないデジタル変革立ち上げを横断的に支援。第1章01、第4章04を担当。

古澤昌宏

（SAPジャパン インダストリー・バリュー・エンジニア）

1995年SAPジャパン入社。組立型製造業顧客のビジネスモデル、プロセスモデル変革に関わる業務に従事。2020年春より京都情報大学院大学教授職を兼任。第1章02、第2章01を担当。

竹川直樹

（SAPジャパン インダストリー・バリュー・エンジニア）

外資系コンサルティング会社を経て、2008年SAPジャパン入社。ビジネスプロセスの変革やサステナビリティの側面からSAPソリューションの価値を訴求する活動に従事。第1章03、第5章01を担当。

東 良太

（SAPジャパン インダストリー・バリュー・エンジニア）

企業のIT企画やプロジェクト・マネージャを経験後、2020年にSAPジャパンに入社。素材産業＆鉱業を担当。次の世代のために日本の持続可能な成長の支援を旨とする。第1章04、第3章02を担当。

柳浦健一郎

（SAPジャパン インダストリー・バリュー・エンジニア）

製造業界にてサプライチェーンマネジメント、生産管理業務を経験し、2003年にSAPジャパン入社。現在、製造業とデジタル技術の知見を基に、ハイテク企業のデジタル変革を支援。第1章05、第2章04を担当。

田積まどか

（SAPジャパン インダストリー・バリュー・エンジニア）

外資系コンサルティングファーム、外資系ソフトウェアベンダーを経て2015年にSAPジャパンに入社。公益業界のデジタルトランスフォーメーションを支援。第1章06、第2章06を担当。

前園曙宏

（SAPジャパン インダストリー・バリュー・エンジニア）

外資系企業にて、金融機関向けソリューション企画、営業部長などのポジションを歴任し、2017年にSAPジャパンに入社。現在は主に金融業界向けの事業開発活動に従事。第2章02、第5章07を担当。

久松正和

（SAPジャパン インダストリー・バリュー・エンジニア）

2017年SAPジャパン入社。通信・IT事業でのビジネス開発経験を基に、通信企業・IT企業の顧客に対して、事業変革ならびに5Gなどのサービス戦略立案の支援に従事。第2章03、07を担当。

桃木継之助

（SAPジャパン センター・オブ・エクセレンス）

1999年に新卒としてSAPジャパンに入社。顧客企業のデジタルを活用した業務改善を企画・支援。社内業務改革の経験を活かし実行性の高い取り組みの企画化を信条とする。第2章05、第5章04を担当。

佐藤 俊

（日本アイ・ビー・エム株式会社 パートナー）

外資系コンサルティング会社を経て2010年に日本アイ・ビー・エムに入社。先進IT技術を活用した業務改革とそれを実現するエンタープライズ・アーキテクチャー策定を専門とする。第3章01を担当。

今野愛美

（アビームコンサルティング株式会社 P＆T Digital ビジネスユニット FMCセクター シニアマネジャー）

2006年アビームコンサルティング入社。同社にてESG/サステナブル経営支援サービスを立ち上げ、現在サービス責任者を務める。国内外企業へのサービス提供に従事。第3章03を担当。

執筆者プロフィール（掲載順）

山﨑秀一

（SAPジャパン インダストリー・バリュー・エンジニア）

ドイツ現地法人でのITビジネスを経て、1998年にSAPジャパン入社。SCMや生産管理を中核とした経験を活かし、現在は自動車業界の経営課題解決や業務改革提案に従事。第3章05、第4章05を担当。

太田 智

（SAPジャパン インテリジェントスペンド事業本部 バリューアドバイザリー ディレクター）

外資系消費財メーカー、コンサルティング会社、日系教育機関を経て、2018年SAPジャパンに入社。企業の調達・購買の高度化、変革、導入効果算定に関するアドバイスを担当。第3章06を担当。

福岡浩二

（SAPジャパン AI ＆ Sustainabilityエバンジェリスト）

Intelligent Enterpriseが目指す社会・産業に向けた普及活動と、業界に特化しない個別企業向けへの企画立案・具現化支援がミッション。第3章07を担当。

海野晋也

（株式会社クニエ コンサルティングサービス本部 プリンシパル）

デジタル改革に関する戦略策定から改革の実行、定着化に強みを持つ。デジタル改革実行部門のリードおよび、スマート都市プロジェクトやスマート工場プロジェクトを担当。第4章01を担当。

明石宗一郎

（SAPジャパン ランドログ チーフデジタルオフィサー）

外資系コンサルティング会社を経てSAPジャパン入社後、コマツなどとランドログを立ち上げる。兼業でライオンのビジネスインキュベーターとして新規事業開発を支援。第4章02を担当。

佐宗 龍

（SAPジャパン エンタープライズ・アーキテクト）

外資系ITベンダーを経て、SAPジャパンに入社。エンタープライズ・アーキテクトとして活動しながら、日本でのスポーツ＆エンターテイメントビジネスの推進を担当。第4章06、第5章05を担当。

横山浩実

(SAPジャパン インダストリー・バリュー・エンジニア)

外資系コンサルティング会社を経て、2017年にSAPジャパン入社。官公庁・自治体・独立行政法人の皆様がデジタル技術を活用し、行政による価値創造を行うことを支援。第5章02を担当。

古濱淑子

(ブラックライン株式会社 アドバイザー)

25年にわたりSAPを含むIT・ヘルスケア業界で様々な要職を経て、ITソリューションの定着に貢献。元ブラックライン代表取締役社長。現在デジタル変革推進に邁進中。第5章03を担当。

石山恵里子

(SAPジャパン 人事本部 HRビジネスパートナー・リード)

日系企業人事部門での実務、管理職経験を経て2015年SAPジャパン入社。人の成長と組織価値の向上をテーマに上級管理職やエグゼクティブのビジネスパートナーを担当。第5章06を担当。

原注／参考文献　一覧

序章

[1]　U.N. Secretary-General's Message of International Mother Earth Day 22 April 2020 https://www.un.org/en/observances/earth-day/message

第1章

[1]　SAP Innovation Awards 2020 Pitch Deck Grundfos　https://www.sap.com/idea-place/sap-innovation-awards/submission-details-2020.html?idea_id=1440

[2]　SAP Product Carbon Footprint Analytics　コンセプトデモ
https://www.sap.com/assetdetail/2020/06/e221b373-9d7d-0010-87a3-c30de2ffd8ff.html

[3]　GHGプロトコル　https://ghgprotocol.org

[4]　ウィキペディア―トリプル・ボトムライン（Triple Bottom Line）
https://en.wikipedia.org/wiki/Triple_bottom_line

[5]　Value Balancing Alliance
https://www.value-balancing.com

[6]　SAP to Help Customers Track Their Greenhouse Gas Emissions
https://news.sap.com/2020/06/climate-21-track-greenhouse-gas-emissions/

[7]　"Article – A sea of pink at Roy Hill"
https://www.andev-project.org/article-a-sea-of-pink-at-roy-hill/

[8]　"Mining Company Roy Hill: Role Model for a Digital Enterprise using SAP"
https://news.sap.com/2016/10/digital-enterprise-example-sap-customer-roy-hill/

[9]　SAP Innovation Awards 2020 Pitch Deck Keiserwetter　https://www.sap.com/idea-place/sap-innovation-awards/submission-details-2020.html?idea_id=1133

第2章

[1]　Can behavioural banking drive financial literacy and inclusion?
https://www.fintechfutures.com/2020/07/can-behavioural-banking-drive-financial-literacy-and-inclusion/

[2]　SAP Innovation Awards 2020 Pitch Deck Magic Leap　https://www.sap.com/idea-place/sap-innovation-awards/submission-details-2020.html?idea_id=1529

[3]　SAP Innovation Awards 2020 Pitch Deck PILLER　https://www.sap.com/idea-place/sap-innovation-awards/submission-details-2020.html?idea_id=1196

[4]　SAP Innovation Awards 2020 Pitch Deck Delloite Africa　https://www.sap.com/idea-place/sap-innovation-awards/submission-details-2020.html?idea_id=1199

第3章

[1]　"GLOBAL NOTE 世界の鉄鉱石生産量 国別ランキング・推移"
https://www.globalnote.jp/post-1948.html

[2]　"NLMK Group presents digital transformation projects at SAP Forum"
https://lipetsk.nlmk.com/en/media-center/press-releases/nlmk-group-presents-digital-transformation-projects-at-sap-forum/?from=ru

[3]　Baruch Lev and Feng Gu, The End of Accounting and the Path Forward for Investors and Managers, Wiley,2016（邦訳『会計の再生』中央経済社、2018年）
「1950年代には、市場の企業価値評価のうち約90%を損益計算書の利益と貸借対照表の株主資本で説明できたが、2013年には会計数値の説明能力が50%レベルにまで低下している」

[4]　柳良平（2020）『CFOポリシー』中央経済社

[5]　Strategic Finance, May 2017 IMA, Ocean TOMO, LLC

[6]　柳良平（2020）『CFOポリシー』中央経済社、エーザイ株式会社統合報告書2020

[7]　モデル：CFOポリシー（中央経済社2020），柳（2020）
分析実行：アビームコンサルティング株式会社, Digital ESG Platform

[8]　柳良平（2020）『CFOポリシー』中央経済社、エーザイ株式会社統合報告書2020

[9]　SAP Innovation Awards 2020 Pitch Deck

Loreal https://www.sap.com/idea-place/sap-innovation-awards/submission-details-2020.html?idea_id=1303

[10] SAP Innovation Awards 2020 Pitch Deck Mahindra https://www.sap.com/idea-place/sap-innovation-awards/submission-details-2020.html?idea_id=1245

[11] SAP Innovation Awards 2020 Pitch Deck Coca Cola FEMSA https://www.sap.com/idea-place/sap-innovation-awards/submission-details-2020.html?idea_id=1501

[12] SAP Innovation Awards 2020 Pitch Deck HHC https://www.sap.com/idea-place/sap-innovation-awards/submission-details-2020.html?idea_id=1466

第4章

[1] SAP Innovation Awards 2020 Pitch Deck Mitsui Kinzoku https://www.sap.com/idea-place/sap-innovation-awards/submission-details-2020.html?idea_id=1190

[2] SAP Business Trends: SAP Intelligent RPA Success Stories – How Can Automation Streamline Customer Orders During Times of Disruption at Zuellig Pharma? https://blogs.sap.com/2020/06/05/sap-intelligent-rpa-success-stories-how-can-automation-streamline-customer-orders-during-times-of-disruption-at-zuellig-pharma/

[3] SAP Innovation Awards 2020 Pitch Deck Valora https://www.sap.com/idea-place/sap-innovation-awards/submission-details-2020.html?idea_id=1242

[4] SAP Innovation Awards 2020 Pitch Deck Clariba https://www.sap.com/idea-place/sap-innovation-awards/submission-details-2020.html?idea_id=1166

[5] SAP Innovation Awards 2020 Pitch Deck HARTMANN https://www.sap.com/idea-place/sap-innovation-awards/submission-details-2020.html?idea_id=1122

第5章

[1] SAP Innovation Awards 2020 Pitch Deck Murphy Oil https://www.sap.com/idea-place/sap-innovation-awards/submission-details-2020.html?idea_id=1291

[2] SAP Brand Voice: Empowering High School Students To Achieve Successful Careers In Business And Tech https://www.forbes.com/sites/sap/2020/07/20/empowering-high-school-students-to-achieve-successful-careers-in-business-and-tech/?sh=656a53556b3e

[3] SAP Innovation Awards 2020 Pitch Deck HISD https://www.sap.com/idea-place/sap-innovation-awards/submission-details-2020.html?idea_id=1159

[4] SAP Brand Voice: How The City Of Orlando Stays Connected With Residents And Staff Through COVID-19 https://www.forbes.com/sites/sap/2020/08/18/how-the-city-of-orlando-stays-connected-with-residents-and-staff-through-covid-19/?sh=518e7a822b5b

[5] SAP Brand Voice : WTA teams up with SAP and Qualtrics to discover player insights and motivations surrounding 2020 return to play https://www.wtatennis.com/news/1857820/wta-teams-up-with-sap-and-qualtrics-to-discover-player-insights-and-motivations-surrounding-2020-return-to-play

[6] 日経新聞：Jリーグのライト層、スタジアムを敬遠7月・10月に観戦者調査 https://www.nikkei.com/article/DGKKZO66990440U0A201C2US0000/

[7] DAIMANI Creates VIP Customer Experiences During the Pandemic https://news.sap.com/2020/09/daimani-vip-customer-experiences-during-pandemic/

[8] SAP Innovation Awards 2020 Pitch Deck Goldman Sachs https://www.sap.com/idea-place/sap-innovation-awards/submission-details-2020.html?idea_id=1463

[9] Goldman Sachs Banks on Employee Experience to Drive Business Results https://news.sap.com/2019/10/goldman-sachs-employee-experience-business-results/

[10] 日経新聞：ソフトバンクG、子会社株売却外資主導在宅で大口取引－IT活用国内証券後じん https://www.nikkei.com/article/ DGKKZO59921660T00C20A6EE9000

Hope for tomorrow

2021年3月16日　第1刷発行

監　修　松井昌代（SAPジャパン）
発行者　長坂嘉昭
発行所　株式会社プレジデント社
〒102-8641
東京都千代田区平河町2-16-1 平河町森タワー13階
https://www.president.co.jp/
https://presidentstore.jp/
電話　編集03-3237-3733
販売 03-3237-3731
販　売　桂木栄一、高橋 徹、川井田美景、森田 巌、末吉秀樹

執　筆　松井昌代、土屋貴広、古澤昌宏、竹川直樹、東 良太、柳浦健一郎、
田積まどか、前園曙宏、久松正和、桃木継之助、佐藤 俊、
今野愛美、山﨑秀一、太田 智、福岡浩二、海野晋也、
明石宗一郎、佐宗 龍、横山浩実、古濱淑子、石山恵里子
装　丁　鈴木美里
組　版　清水絵理子、原 拓郎
校　正　株式会社ヴェリタ
制　作　関 結香
編　集　金久保 徹

印刷・製本　大日本印刷株式会社

※本書に掲載した画像の一部は、
使用許諾済みのSAP社のサイトから流用しています。
※本書では、英語表記の行替えに「-」を入れておりますので、ご注意ください。

ISBN　978-4-8334-5175-8
Printed in Japan